本試験型

消防設備士 6類問題集

超重要 暗記ポイント

成美堂出版

矢印の方向に引くと、取り外せます

目　次

本書は原則として、2023 年 4 月 1 日現在の法令等に基づいて編集しています。以降も法令等の改正があると予想されますので、最新の法令等を参照して本書を活用してください。

消防関係法令

▶ 法令用語

●消防法の目的

　火災を予防し、警戒し及び鎮圧し、国民の生命、身体及び財産を火災から保護するとともに、火災又は地震等の災害による被害を軽減するほか、災害等による傷病者の搬送を適切に行い、もって安寧秩序を保持し、社会公共の福祉の増進に資することを目的とする。（消防法第 1 条より）

●消防法用語

防火対象物	山林又は舟車、船きょ若しくはふ頭に繋留された船舶、建築物その他の工作物若しくはこれらに属する物をいう。
消防対象物	山林又は舟車、船きょ若しくはふ頭に繋留された船舶、建築物その他の工作物又は物件をいう。消防対象物は防火対象物より範囲が広い。
特定防火対象物	火災発生時の被害が大きくなる用途として定義されている。消防用設備の設置等の条件が厳しく規定されている。
消防設備士	消防用設備等の工事、整備を行うための資格をいう。
関係者	防火対象物又は消防対象物の所有者、管理者又は占有者をいう。
所有者	その財産を自己所有として支配し、自由に使用、収益、処分できる者をいう。
管理者	他人の財産につき、その利用、改良又は保有等を行うことができる立場にある者をいう。
占有者	現にその財産を自己のためにする意思で支配している者をいう。
命令権者	受命者（関係者など）に対し、具体的な火災危険の排除や消防法令違反等の是正について、命令することができる者をいう。消防長（消防本部を置かない市町村においては市町村長）、消防署長、消防吏員が該当する。
防火管理者	建物の「火災による被害」を防止するため、防火管理に係る消防計画を作成し、防火管理上必要な業務を行う責任者をいう。
防災管理者	建物の「火災以外の災害（地震など）」による被害を軽減するため、防災管理に係る消防計画を作成し、防災管理上必要な業務を行う責任者をいう。

●関係者の役割など

関係者の役割
① 消防活動の障害除去のための措置
② 防火対象物の火災予防措置
③ 防火管理者の選解任
④ 防火対象物点検報告
⑤ 防災管理点検報告
⑥ 消防用設備等の設置及び維持
⑦ 消防用設備等の点検報告

命令権者の命令事項
① 火遊び、喫煙、たき火など火を使用する行為の禁止・停止・制限、またはこれらの行為を行う場合の消火準備
② 残火、取灰、火粉の始末
③ 危険物等の除去
④ 放置された物件整理又は除去

防火管理者の主な役割
① 消防計画の作成
② 消火、通報及び避難の訓練の実施
③ 消防用設備等の点検及び整備
④ 火気の使用又は取扱いに関する監督
⑤ 避難又は防火上必要な構造、設備の維持管理
⑥ 収容人員の管理、その他防火管理上必要な業務

防災管理者の主な役割
① 消防計画の作成
② 避難の訓練の実施
③ 収容人員の管理、その他防災管理上必要な業務

●防火管理者の資格（規模による区分）

防火管理者の区分	甲種防火管理者			甲種又は乙種 防火管理者	
防火対象物の区分	甲種防火対象物			乙種防火対象物	
	★	特定防火 対象物 （★を除く）	非特定防 火対象物	特定防火 対象物 （★を除く）	非特定防 火対象物
建物の延べ面積	すべて	$300m^2$ 以上	$500m^2$ 以上	$300m^2$ 未満	$500m^2$ 未満
建物全体の収容人数	10 人以上	30 人以上	50 人以上	30 人以上	50 人以上

★：「(6) 項ロ対象物」及び「(6) 項ロの用途の存する (16) 項イ、(16 の 2) 項対象物」

●防火管理者の資格（用途による区分）

防火管理者の区分	甲種又は乙種防火管理者		
用途区分	甲種防火対象物のテナント部分		
	★	特定用途（★を除く）	非特定用途
テナント部分の収容人数	10 人未満	30 人未満	50 人未満

★：「(6) 項ロ」及び「(6) 項ロの用途の存する (16) 項イ、(16 の 2) 項」の用途

▶ 消防設備士の資格と防火対象物

●消防設備士の役割

　消防設備士には甲種と乙種があり、甲種消防設備士は消防用設備等の**工事・整備・点検**、乙種消防設備士は**整備・点検**を行うことができる。

　第6類消防設備士は、消火器の整備、点検を行うことができる。

●消防設備士の業務範囲

工事整備対象設備等の種類	消防設備士の資格		業務範囲		除外の工事・整備
			工事	整備	
屋内消火栓設備、屋外消火栓設備、スプリンクラー設備、水噴霧消火設備、共同住宅用スプリンクラー設備	第1類	甲	○	○	電源 水源 配管
		乙	×	○	
泡消火設備、特定駐車場用泡消火設備	第2類	甲	○	○	電源
		乙	×	○	
不活性ガス消火設備、ハロゲン化物消火設備、粉末消火設備	第3類	甲	○	○	
		乙	×	○	
自動火災報知設備、ガス漏れ火災警報設備、消防機関へ通報する火災報知設備、共同住宅用自動火災報知設備、住戸用自動火災報知設備、特定小規模施設用自動火災報知設備、複合型居住施設用自動火災報知設備	第4類	甲	○	○	電源
		乙	×	○	
特殊消防用設備等	特類	甲	○	○	
パッケージ型消火設備、パッケージ型自動消火設備	第1類 第2類 第3類	甲	○	○	
		乙	×	○	
金属製避難はしご（固定式）、救助袋、緩降機	第5類	甲	○	○	―
		乙	×	○	
消火器	第6類	乙	―	○	
漏電火災警報器	第7類	乙	×	○	

●消防設備士の義務

業務を誠実に遂行する義務	消防設備士は、その業務を誠実に行い、工事整備対象設備等の質の向上に努めなければならない。
免状を携帯する義務	消防設備士は、その業務に従事する際、消防設備士免状を携帯しなければならない。
着工届出の義務	甲種消防設備士は、工事に着手する 10 日前までに、着工届を消防長又は消防署長に届け出なくてはならない。
講習を受講する義務	消防設備士は、都道府県知事が行う講習を受講しなければならない。講習は、免状を交付された日以後における最初の 4 月 1 日から 2 年以内、その後は再講習を受けた日以後における最初の 4 月 1 日から 5 年以内ごとに受ける必要がある。

●消防設備士免状に関する規定

免状の携帯義務
業務を行うときは、必ず免状を携帯する。

免状の交付
免状の交付は、都道府県知事が行う。免状は全国どこでも有効である。

免状の亡失、再交付
免状を亡失したときは、交付を受けた都道府県知事に再交付を申請できる。

消防法に違反した際の免状の扱い
消防法に違反し免状返納を命じられてから 1 年を経過していない者は、消防設備士試験に合格しても免状を交付されない。

亡失した免状の発見、返納
亡失した免状を発見したときは、再交付を受けた都道府県知事に 10 日以内に提出する（返納する）。

免状の書換え
免状の記載事項に変更が生じた場合、又は免状に貼られている写真が撮影から 10 年を経過した場合は、交付を受けた都道府県知事か、居住地又は勤務地の都道府県知事に書換えを申請する。

●令別表第 1 と消火器の設置基準

　　　　　　　　　　　　　= 特定防火対象物

		防火対象物の区分	消火器具の設置義務が生じる延べ面積	所要能力単位の算定基準面積※1
(1)	イ	劇場、映画館、演芸場または観覧場	すべて	50m²
	ロ	公会堂または集会場	150m² 以上	100m²
(2)	イ	キャバレー、カフェー、ナイトクラブその他	すべて	50m²
	ロ	遊技場またはダンスホール		
	ハ	性風俗関連特殊営業を営む店舗等		
	ニ	カラオケボックス、個室漫画喫茶、ネットカフェ等		
(3)	イ	待合、料理店等	すべて※2	100m²
	ロ	飲食店		
(4)		百貨店、マーケットその他の店舗または展示場		
(5)	イ	旅館、ホテル、宿泊所等	150m² 以上	
	ロ	寄宿舎、下宿または共同住宅		
(6)	イ	病院、診療所または助産所（次項を除く）	すべて	
		無床診療所、無床助産所	150m² 以上	
	ロ	老人短期入所施設、養護老人ホーム等	すべて	
	ハ	老人デイサービスセンター等	150m² 以上	
	ニ	幼稚園または特別支援学校		
(7)		小学校、中学校、義務教育学校、高等学校、中等教育学校、高等専門学校、大学、専修学校、各種学校等	300m² 以上	200m²
(8)		図書館、博物館、美術館等		
(9)	イ	蒸気浴場、熱気浴場等	150m² 以上	100m²
	ロ	蒸気浴場、熱気浴場等を除く公衆浴場		
(10)		車両の停車場または船舶もしくは航空機の発着場	300m² 以上	200m²
(11)		神社、寺院、教会等		
(12)	イ	工場または作業場	150m² 以上	100m²
	ロ	映画スタジオまたはテレビスタジオ		
(13)	イ	自動車車庫または駐車場		
	ロ	飛行機または回転翼航空機の格納庫		
(14)		倉庫		
(15)		事務所等（前各項に該当しない事業場）	300m² 以上	200m²
(16)	イ	複合用途防火対象物（特定用途を含む）	用途部分ごとに基準を適用	
	ロ	複合用途防火対象物（特定用途を含まない）		
(16)の2		地下街	すべて	50m²
(16)の3		準地下街		
(17)		重要文化財等		
(18)		延長 50m 以上のアーケード	―	―
(19)		市町村長の指定する山林	―	―
(20)		総務省令で定める舟車	すべて	※3
地階、無窓階、または 3 階以上の階			床面積50m²以上	上記の各項による

※1　所要能力単位の算定基準面積については、主要構造部を耐火構造とし、内装を難燃材料で仕上げた場合は、算定基準面積は2倍になる。
※2　火を使用する設備または器具（防火上有効な措置が講じられたものを除く）を設けたもの以外は、延べ面積150m² 以上のものに設置義務が生ずる。
※3　車両については、鉄道営業法、軌道法または道路運送車両法により算定基準が定められている。舟については、所要能力単位を1とする。

基礎的知識

▶ 応力や荷重

●回転力（力のモーメント）

物体に O を中心として距離 ℓ の P 点に f の力を加えると、物体は右回りに回転する。

①この回転する力（回転力＝力のモーメントという）は、距離 ℓ を一定にすると加わる力 f の大きさに比例する。

②また、回転力は、f を一定にすると ℓ の長さに比例する。

③結局、回転力は、$f \times \ell$ に比例する。

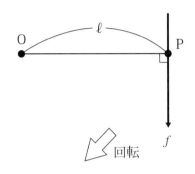

●応力

応力とは、物体に力が加わるとき、物体内部に発生する**抵抗力**をいう。

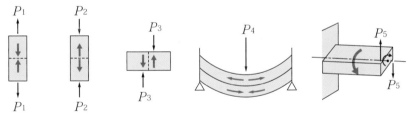

引張応力　圧縮応力　せん断応力　　曲げ応力　　　ねじり応力

◆応力の種類

①引張応力　：引張力 P_1 に抵抗する力
②圧縮応力　：圧縮力 P_2 に抵抗する力
③せん断応力：せん断力 P_3 に抵抗する力
④曲げ応力　：曲げ荷重 P_4 に抵抗する力
⑤ねじり応力：ねじり力 P_5 に抵抗する力

●荷重

材料に作用する外力のことを荷重という。

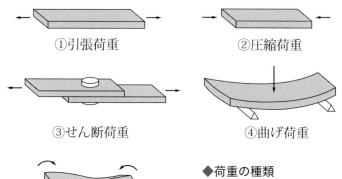

①引張荷重　　　　　　　②圧縮荷重

③せん断荷重　　　　　　④曲げ荷重

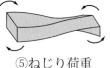

⑤ねじり荷重

◆荷重の種類

①引張荷重：材料を**引き延ばす**力
②圧縮荷重　：材料を**押し縮める**力
③せん断荷重：材料を**ひきちぎる**力
④曲げ荷重　：材料を**押し曲げる**力
⑤ねじり荷重：材料を**ねじる**力

●応力ひずみ線図と荷重伸び線図

応力ひずみ線図は、物体に力を加えた場合の応力とひずみの関係を示す。

荷重伸び線図は、材料の試験片に引張荷重を加えて、破壊するまで引っ張り、この時の荷重と伸びの関係を示す。

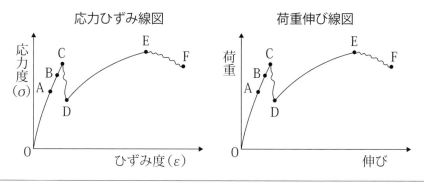

応力ひずみ線図　　　　　　　　　　荷重伸び線図

A（比例限度）：応力とひずみが比例する限界
B（弾性限度）：荷重を取り除けば伸びも同時に戻る（弾性）限界
C〜D（降伏点）：応力は増加しないでひずみが急増する区間（C、D は各々上
　　　　　　　　降伏点、下降伏点という）
E（最大強さ）：最大荷重時の応力（極限強さ又は限界強さともいう）
F（破壊点又は破断点）：破壊応力（破壊荷重ともいう）

構造・機能等

▶ 火災の種類

●火災の分類

火　災	説　明
A（普通）火災	木材、紙、繊維などが燃える火災
B（油）火災	石油類、その他の可燃性液体類、可燃性固体類などが燃える火災
C（電気）火災	電気設備のショートなどが原因の火災

A（普通）火災

B（油）火災

C（電気）火災

●適応火災の種類を示す絵表示
「A（普通）火災用」：白色の地に赤色の炎と黒色の可燃物
「B（油）火災用」：黄色地に赤色の炎と黒色の可燃物
「C（電気）火災用」：青色の地に黄色の閃光

A（普通）火災用

B（油）火災用

C（電気）火災用

消火器の区分

●消火薬剤及び加圧方式による区分

消火薬剤 / 加圧方式		蓄圧式		加圧式		放射ガス	
		指示圧力計あり	指示圧力計なし	反応式	ガス加圧式	蓄圧式	加圧式
水系	水（浸潤剤等入り）（霧状）	●			●（※1）	圧縮空気、窒素ガス	
	強化液（霧状※2）	●			●	圧縮空気、窒素ガス	二酸化炭素
	化学泡			●			二酸化炭素（薬剤反応ガス）
	機械泡	●			●	窒素ガス	二酸化炭素、窒素ガス
液化ガス系	二酸化炭素		●			二酸化炭素	
粉末系	粉末（ABC）	●			●	窒素ガス	
	粉末（Na）（K）（KU）	●			●	窒素ガス	二酸化炭素（※3）

※１：現在は蓄圧式のみが製造されている
※２：車載式は棒状・霧状放射
※３：窒素ガス又は二酸化炭素・窒素混合ガスのものもあり

●消火器の放射性能

消火器（消火薬剤）	放射性能		使用温度範囲	
	放射時間	放射量	規　格	実用面
水	10秒以上（20℃）	容量/質量の90％以上	0℃以上40℃以下	－20℃以上40℃以下
強化液		容量/質量の90％以上	0℃以上40℃以下	－20℃以上40℃以下
化学泡		容量/質量の85％以上	5℃以上40℃以下	5℃以上40℃以下
機械泡		容量/質量の90％以上	0℃以上40℃以下	－20℃以上40℃以下
二酸化炭素			0℃以上40℃以下	－30℃以上40℃以下
粉末			0℃以上40℃以下	－30℃以上40℃以下

●消火薬剤の消火作用と適応火災

消火作用と適応火災／消火薬剤	冷却作用 A(普通)火災	窒息作用 B(油)火災	抑制作用 火災	そのほかの適応火災	特徴（優劣）
水	●			C（電気）火災（霧状放射のもの）	○：（霧状放射）再燃防止効果、放射距離、放射時間、浸透性 ×：油火災に対し火面拡大
強化液	●		●		○：（霧状放射）再燃防止効果、火勢の抑制、放射時間、浸透性 ×：電気絶縁の劣化
化学泡	●	●		なし	○：再燃防止効果、放射距離、放射時間、透視性 ×：転倒させて使用、電気絶縁性、低温状態での消火能力
機械泡	●	●		なし	○：再燃防止効果、放射時間、透視性
ハロゲン化物		●	●	C（電気）火災及びA（普通）火災（薬剤量の多いもの）	現在は製造されていない。
二酸化炭素		●		C（電気）火災	○：消火剤による腐食・汚損、薬剤の変質、凍結のおそれなし、消火後に障害を残さない ×：放射距離、再燃防止効果
粉末（ABC）		●	●	C（電気）火災及びA（普通）火災（粉末（ABC）消火器は表面燃焼火災に効果あり）	○：火勢の抑制、消火剤による腐食、凍結のおそれなし ×：再燃防止効果、透視性、浸透性
粉末（Na）（K）（KU）		●	●		○：火勢の抑制、消火剤による腐食、凍結のおそれなし ×：再燃防止効果、浸透性、防炎作用

構造・機能等

▶ 消火器の構造や点検

●消火器の構造

粉末消火器（蓄圧式）
（A、B、C）窒息作用　抑制作用

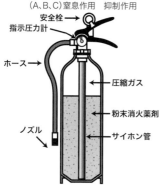

- 安全栓
- 指示圧力計
- ホース→
- ノズル↓
- 圧縮ガス
- 粉末消火薬剤
- サイホン管

粉末消火器（ガス加圧式）
（A、B、C）窒息作用　抑制作用

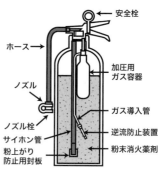

- 安全栓
- ホース→
- ノズル
- ノズル栓
- サイホン管
- 粉上がり防止用封板
- 加圧用ガス容器
- ガス導入管
- 逆流防止装置
- 粉末消火薬剤

二酸化炭素消火器
（B、C）窒息作用

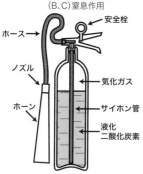

- 安全栓
- ホース→
- ノズル↓
- ホーン
- 気化ガス
- サイホン管
- 液化二酸化炭素

化学泡消火器
（A、B）窒息作用　冷却作用

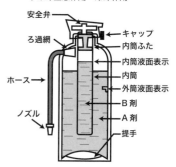

- 安全弁
- ろ過網
- ホース→
- ノズル
- キャップ
- 内筒ふた
- 内筒液面表示
- 内筒
- 外筒液面表示
- B剤
- A剤
- 提手

水消火器
（A、（C））（C）は霧状に放射する場合
　　　　　冷却作用

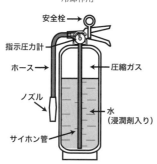

- 安全栓
- 指示圧力計
- ホース→
- ノズル
- サイホン管
- 圧縮ガス
- 水（浸潤剤入り）

強化液消火器（蓄圧式）
（A、B、C）（C）は霧状に放射する場合
　　　　　冷却作用　抑制作用

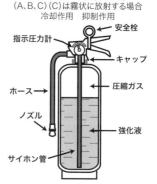

- 安全栓
- 指示圧力計
- ホース→
- ノズル
- サイホン管
- キャップ
- 圧縮ガス
- 強化液

●機器点検の実施項目

消火器の区分			確認項目	
加圧方式	器　種	対　象	放射能力を除く項目	放射能力
加圧式	化学泡	設置後1年経過したもの	全数	全数の10%以上
	水	製造年から3年経過したもの		
	強化液			
	機械泡			
	粉末		抜取り試料数	抜取り数の50%以上
蓄圧式	水	製造年から5年経過したもの		
	強化液			
	機械泡			
	粉末			
	ハロゲン化物			
	二酸化炭素			

※車載式のものは、放射能力を除く。

●運搬方式による動作数

消火器の区分（消火薬剤）	運搬方式による動作数			
	手さげ式	据置式	背負式	車載式
水	1動作	2動作以内	2動作以内	3動作以内
強化液				
化学泡	2動作以内			
機械泡	1動作			
ハロゲン化物	1動作			
二酸化炭素	1動作			
粉末				

●質量と運搬方式

質　量 （保持装置・背負ひも・車輪を除く）	運搬方式			
	手さげ式	据置式	背負式	車載式
28kg 以下	●	●	●	
28kg 超〜35kg 以下		●	●	●
35kg 超				●

●消火器に施す塗装

> ### 消火器
> 外面の 25%以上を赤色に塗装
>
> #### 高圧ガスを用いる消火器
> 表面積の 2 分の 1 以上を
> ガスの種類に応じた色に塗装
>
> **液化炭酸ガス：**緑色
>
> **ハロン（フロン）ガス：**ネズミ（灰）色

●安全栓の規定

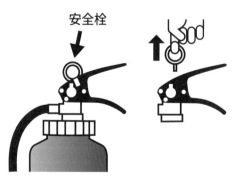

安全栓

安全栓の決まり

①安全栓は上方向に引き抜くよう
　装着する
②安全栓は黄色に塗装する
③安全栓は内径 2cm 以上のリン
　グ形状とする
④安全栓は引き抜く動作以外の動
　作で簡単に抜けないようにする

鑑別等

●主な消火器

名称	粉末消火器（蓄圧式）

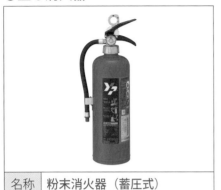

名称	粉末消火器（加圧式）

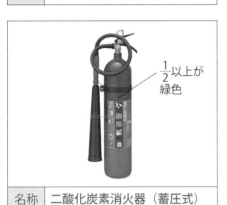

$\frac{1}{2}$以上が
緑色

名称	二酸化炭素消火器（蓄圧式）

名称	化学泡消火器（破がい転倒式）

名称	水消火器（蓄圧式）

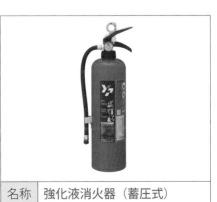

名称	強化液消火器（蓄圧式）

●主な器具

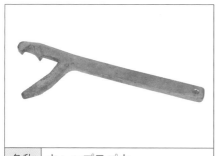

名称	キャップスパナ
説明	キャップの開閉に用いる。

名称	クランプ台
説明	容器本体を固定するために用いる。

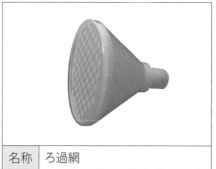

名称	ろ過網
説明	ホース、ノズルの目詰まりを防止するために用いる。

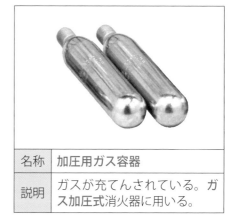

名称	加圧用ガス容器
説明	ガスが充てんされている。ガス加圧式消火器に用いる。

●指示圧力計

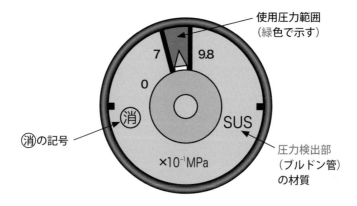

使用圧力範囲
（緑色で示す）

7　9.8

0

消の記号

SUS

圧力検出部
（ブルドン管）
の材質

×10⁻¹MPa

矢印の方向に引くと、取り外せます

本試験型

消防設備士
6類問題集

元消防庁次長・弁護士 **北里敏明 監修**
コンデックス情報研究所 編著

成美堂出版

……本書の特長と使い方……

◆効率的な勉強で、試験合格を目指す！

本書は、消火器の整備等ができる資格、消防設備士試験6類の試験合格を目的とした予想問題集です。

消防設備士試験は、毎回、類似問題が多く出題される傾向にあります。本書は、効率よく合格を目指せるよう、実際の試験に多く出題される出題頻度が高い問題を中心に、重要な問題を揃えました。

◆本試験型の模擬試験6回分を収録

本書は、本試験型の模擬試験6回分を収録しています。視覚的にもわかりやすいよう、図表を盛り込んだ別冊2 正解・解説を付けています。

付属の赤シートを使えば、穴埋め問題としても活用できます。また、コピーして何度でも使える解答カードを、すべての問題に付けていますので、本番のつもりで時間配分を意識しながら問題を解いてみましょう。

さらに、別冊2 正解・解説の巻末には、答え合わせがしやすいように、解答カードと同形式の正解一覧が付いています。

実際の実技試験の問題では、写真がカラーで掲載される場合があります。本書では、色を文字で表記するなど、できるだけ実際の問題と同様になるよう作成しています。

◆本番直前にも使える！ 『別冊1 超重要暗記ポイント』

本試験対策として、付属の赤シートに対応した『超重要暗記ポイント』を付けています。重要となる表や写真を記載していますので、取り外して試験会場に持っていき、本番前に見直すことができます。

最後に、読者のみなさんが本書を充分に活用され、消防設備士試験6類の試験に合格されることを、心よりお祈りいたします。

本書は原則として、2023年4月1日現在の法令等に基づいて編集しています、以降も法令等の改正があると予想されますので、最新の法令等を参照して本書を活用してください。

目　次

1 消防設備士の役割

◆消防設備士を必要とする施設

劇場やデパート、ホテル等の建物には、消防法により目的や規模、階数や収容人員等に応じて、自動火災報知設備や消火器といった、消防用設備等の設置が義務づけられています。それら消防用設備等の工事・整備等を行うために必要な資格が、消防設備士です。

◆消防設備士の資格の種類

消防設備士には甲種と乙種があり、甲種は消防用設備等の工事・整備・点検、乙種は整備・点検を行うことができます。本書は、消火器の整備、点検を行うことのできる、第 6 類消防設備士試験を対象としています。

免状の種類		工事、整備等ができる設備等
甲種	特類	特殊消防用設備等
甲種又は乙種	第 1 類	屋内消火栓設備、スプリンクラー設備、水噴霧消火設備、屋外消火栓設備、パッケージ型消火設備、パッケージ型自動消火設備、共同住宅用スプリンクラー設備
	第 2 類	泡消火設備、パッケージ型消火設備、パッケージ型自動消火設備、特定駐車場用泡消火設備
	第 3 類	不活性ガス消火設備、ハロゲン化物消火設備、粉末消火設備、パッケージ型消火設備、パッケージ型自動消火設備
	第 4 類	自動火災報知設備、ガス漏れ火災警報設備、消防機関へ通報する火災報知設備、共同住宅用自動火災報知設備、住戸用自動火災報知設備、特定小規模施設用自動火災報知設備、複合型居住施設用自動火災報知設備
	第 5 類	金属製避難はしご、救助袋、緩降機
乙種	第 6 類	消火器
	第 7 類	漏電火災警報器

❷ 消防設備士試験の概要

　試験に関する情報は変わることがありますので、受験する場合には、事前に必ずご自身で、試験実施団体である一般財団法人 消防試験研究センターの発表する最新情報を、ご確認ください。

◆試験の実施

　消防設備士試験は、一般財団法人 消防試験研究センターが実施しています。

　受験する際には、最新の情報を一般財団法人 消防試験研究センターで必ず確認しておきましょう。

一般財団法人 消防試験研究センター

　〒100-0013　東京都千代田区霞が関 1-4-2　大同生命霞が関ビル 19 階

　　（TEL）03-3597-0220

　　（FAX）03-5511-2751

　　（HP アドレス）https://www.shoubo-shiken.or.jp/

◆願書・受験案内等の入手

　受験案内、受験願書等は、一般財団法人 消防試験研究センターの本部や各支部及び関係機関の窓口などで受験希望者に無料で配布しています。

◆試験日程

　試験は、現住所・勤務地にかかわらず、希望する都道府県において受験できます。試験日程は都道府県ごとに異なります。

◆受験資格

　消防設備士 6 類は、国籍、年齢、実務経験を問わず、誰でも受験することが可能です。

◆受験の申請

　申請方法は、「書面申請」（願書の提出による申請）と「電子申請」があり、現住所・勤務地にかかわらず希望する都道府県において受験できます。

なお、以下の場合は電子申請できません。書面（受験願書）による受験申請を行ってください。
　　・受験資格を証明する書類が必要な場合。
　　・消防設備士試験で科目免除を希望し、資格証明の書類が必要な場合。
　　・同一試験日に複数の受験を申請する場合。

＜書面申請の場合＞
　申請窓口
　　・各道府県：(一財) 消防試験研究センター各道府県支部
　　・東京都：(一財) 消防試験研究センター中央試験センター

＜電子申請の場合＞
　一般財団法人 消防試験研究センターのホームページ「電子申請」より申請します。

◆免許交付までの流れ

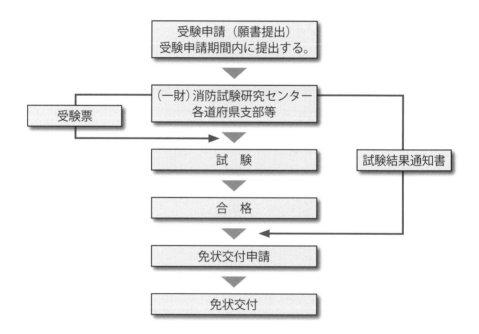

◆試験科目及び問題数

　試験は、マーク・カードでの筆記試験（四肢択一式）と実技試験（写真・イラスト・図面等を用いた記述式）で行われ、**試験時間は1時間45分**です。

　消防設備士6類試験の試験科目、問題数は次のとおりです。

	試 験 科 目		問題数
筆 記	消防関係法令	法令共通	6問
		法令類別	4問
	基礎的知識	機 械	5問
	構造・機能等	機 械	9問
		規 格	6問
	合 計		30問
実 技	鑑別等		5問
	合 計		5問

※一部免除について

　既に取得している消防設備士、電気工事士、電気主任技術者、技術士等の資格取得者は、試験科目の一部免除を受けることができる場合があります。詳細は受験案内、または、一般財団法人 消防試験研究センターのホームページ内の「一部免除（https://www.shoubo-shiken.or.jp/shoubou/annai/subject.html）」で確認するか、消防試験研究センター（TEL:03-3597-0220）へ直接お問い合わせください。

◆合格基準

　筆記試験で**各科目ごとに40%以上の正解率**、さらに**全体出題数では60%以上**であること。かつ、**実技試験でも60%以上**の成績を修めると合格となります。試験の一部免除がある場合は、免除を受けた以外の問題で上記の成績を修めれば合格となります。

◆合格発表

　合格発表については、受験者に合否結果をハガキで郵送するほか、一般財団法人 消防試験研究センターの支部別にも、合格者の受験番号が公示されます。

　また、合格者については一般財団法人 消防試験研究センターのホームページでも確認することができます。

◆注意事項

- 受験のため、いったん提出した願書及び試験手数料は、返却及び返金はされません。
- 願書に虚偽の記載または虚偽の証明書等を添付した場合は受験できません。
- 願書に、既得免状の写し等の添付など不備がないか、提出前に充分確認してください。
- 各回試験の締切日以降は、提出が済んでいる願書の「試験日」、「試験種類」の変更はできません。
- 受験者は試験当日、受験票に記載された集合時刻までに集合し、係員の説明を聞いた上で受験してください。
- 受験票は、試験実施日の1週間から10日前までに郵送される予定です。到着しない場合は、受験願書を提出した支部等に照会してください。電子申請者には、電子申請時に登録したメールアドレスあてに当該試験の受験票がダウンロードできる旨のメールが送信されます。
- 試験当日は、写真を貼付した受験票、鉛筆（HBまたはB）、消しゴムを必ず持参してください。会場では、電卓、定規類及び携帯電話その他機器の使用は禁止されています。

●凡例

　問題では、「消防法、消防法施行令、消防法施行規則、危険物の規制に関する政令又は危険物の規制に関する規則」を「消防法令」と表記している場合があります。

　解説では、法令を次のように表記している場合があります。

消防法………………………………………………	法
消防法施行令………………………………………	令
消防法施行規則……………………………………	則
消火器の技術上の規格を定める省令……………	規
消火器用消火薬剤の技術上の規格を定める省令…	薬規

　また、建物など防火対象物が消防法施行令別表第1のどの項目に該当するかを示す際、「消防法施行令別表第1」を省略し、項目のみを表記している場合があります。

※本書では、鑑別等の問題作成にあたり、次の会社の方々に製品等の写真をご提供いただきました。ご協力につきまして厚く御礼申し上げます。（敬称略、50音順）
株式会社初田製作所、ヤマトプロテック株式会社

第 1 回

消防設備士試験 6 類問題

	試 験 科 目		問題数
筆 記	消防関係法令	法令共通	6 問
		法令類別	4 問
	基礎的知識	機 械	5 問
	構造・機能等	機 械	9 問
		規 格	6 問
	合 計		30 問
実 技	鑑別等		5 問
	合 計		5 問

［解答時間］
　　1 時間 45 分

※筆記の解答は、109 ページにある解答カード（解答用紙）に
　記入しましょう。解答カードはコピーして利用しましょう。
※実技は、問題用紙に解答欄がありますので、直接記入するか、
　別紙に書き出してください。

消防関係法令（共通）

問1

消防法令に定める関係者として、正しいものは次のうちどれか。

1 防火対象物の使用者
2 防火対象物の防火管理者
3 防火対象物の利用者
4 防火対象物の占有者

問2

消防用設備等について、消防法令上、正しいものは次のうちどれか。

1 消防の用に供する設備、消火活動上必要な施設を消防用設備等という。
2 戸建て一般住宅も一定の規模を超えれば消防用設備等の設置対象となる。
3 政令で定める防火対象物の関係者は、政令で定める技術上の基準により消防用設備等を設置し維持する義務がある。
4 消防用設備等の設置が義務となる防火対象物は特定用途防火対象物のみである。

問3

消防法令上、「消火活動上必要な施設」に含まれるものは次のうちどれか。

1 防火水槽
2 排煙設備
3 動力消防ポンプ
4 屋外消火栓設備

問4

消防用設備等の点検及び報告について、消防法令上、正しいものは次のうちどれか。

1　点検を行った消防設備士は、点検結果を消防長または消防署長に報告しなければならない。
2　消防長又は消防署長に結果報告を求められた場合、報告しなければならない。
3　消防法第17条により設置された消防用設備等は、定期に点検を行わなければならない。
4　延べ面積が 1,000 m² 以上の倉庫に設置された消防法令上必要な消防用設備等は、必ず消防設備士が点検しなければならない。

問5

消防設備士の資格範囲について、誤っているものは次のうちどれか。

1　消防用設備等の新設には、甲種消防設備士の資格が必要な場合がある。
2　消防用設備等の増設には、甲種消防設備士の資格が必要な場合がある。
3　消防用設備等の移設には、乙種消防設備士の資格が必要な場合がある。
4　消防用設備等の不良個所の補修には、乙種消防設備士の資格が必要な場合がある。

　消防の用に供する機械器具等の検定について、消防法令上、誤っているものは次のうちどれか。

1　型式承認とは、検定対象機械器具の型式に係る形状等が総務省令で定める検定対象機械器具等に係る技術上の規格に適合していることの承認をいう。
2　型式適合検定は総務大臣が行う。
3　検定対象機械器具等は、検定合格を示すラベルがない製品の販売はできない。
4　自主表示機械器具等は、定められた規格の適合を示すラベルがない製品の販売はできない。

消防関係法令（類別）

問 7

　次の防火対象物で、消防法令上、消火器具を設置しなければならない用途と延べ面積の組合せはどれか。
　ただし、いずれも 2 階以下で普通階とする。

1　共同住宅で延べ面積が 100 m²
2　神社で延べ面積が 150 m²
3　飲食店（火気使用あり）で延べ面積が 50 m²
4　物品販売店舗で延べ面積が 100 m²

問8

消火器の設置場所・火災の種類と適応消火器の組合せで、消防法令上、誤っているものは次のうちどれか。

ただし、地下階は、換気について有効な開口部の面積が床面積の30分の1以下で、かつ、当該床面積が20 m²以下とする。

1 地下階のボイラー室に霧状に強化液を放射する強化液消火器を設置する。
2 灯油の火災に泡を放射する消火器を設置する。
3 地下階の電気室内に二酸化炭素消火器を設置する。
4 電気設備の火災にリン酸塩類の粉末消火器を設置する。

問9

次の消火設備のうち、その有効範囲内に設置する消火器具の能力単位を3分の1とすることができるものはどれか。

ただし、11階以上の部分は除く。

1 連結散水設備
2 屋内消火栓設備
3 屋外消火栓設備
4 連結送水管設備

問10

防火対象物に指定可燃物を危険物の規制に従って貯蔵し、大型消火器を設置する場合、防火対象物の階ごとに、指定可燃物を貯蔵する各部分から一の大型消火器までの距離として、正しいものは次のうちどれか。

1 歩行距離20 m以下とする。
2 水平距離20 m以下とする。
3 歩行距離30 m以下とする。
4 水平距離30 m以下とする。

機械に関する基礎的知識

問11

図において 1,200 N の物体とつり合う力として、正しいものは次のうちどれか。

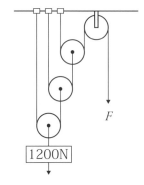

1　　75 N
2　　150 N
3　　300 N
4　　600 N

問12

せん断応力について、正しいものは次のうちどれか。

1　せん断応力＝せん断荷重÷断面積
2　せん断応力＝断面積÷せん断荷重
3　せん断応力＝せん断ひずみ÷断面積
4　せん断応力＝断面積÷せん断ひずみ

問13

アルミニウムの特徴として、最も不適当なものは次のうちどれか。

1　密度は鉄の3分の1であり、軽量である。
2　空気中で酸化すると緻密な皮膜をつくり、耐食性が悪化する。
3　電気の良導体である。
4　熱の良導体である。

問14

炭素鋼の熱処理についての説明として、誤っているものは次のうちどれか。

1 焼入れは、鋼の硬さを増すために行う。
2 焼入れは、鋼のひずみを取り除くために行う。
3 焼入れは、鋼を強くするために行う。
4 焼入れは、鋼を高温に熱したのち急冷する。

問15

一定質量の気体について、ボイル・シャルルの法則で示される圧力と絶対温度と体積の関係として、正しいものは次のうちどれか。

1 気体の圧力は、絶対温度に比例し、体積に比例する。
2 気体の圧力は、絶対温度に比例し、体積に反比例する。
3 気体の圧力は、絶対温度に反比例し、体積に比例する。
4 気体の圧力は、絶対温度に反比例し、体積に反比例する。

構造・機能及び整備の方法（機械）

問16

危険物第4類第1石油類の初期消火について、誤っているものは次のうちどれか。

1 冷却作用が効果的である。
2 窒息作用が効果的である。
3 抑制作用が効果的である。
4 水消火器による消火は期待できない。

二酸化炭素消火器に刻印されている記号の意味として、誤っているものは次のうちどれか。

1 V は容器の内容積である。
2 TP は耐圧試験圧力である。
3 FP は最高充てん圧力である。
4 W は充てんガス量である。

蓄圧式強化液消火器の構造として、誤っているものは次のうちどれか。

1 使用温度範囲は− 20℃〜 40℃である。
2 内部圧力を表示する指示圧力計が取り付けられ、使用圧力範囲は 0.7 〜
   0.98 MPa である。
3 強化液消火薬剤の液面を示す表示が必要である。
4 容器内には、強化液消火剤と共に窒素ガスが充てんされている。

機械泡消火器の構造・機能について、正しいものは次のうちどれか。

1 消火作用は、冷却作用と抑制作用である。
2 電気設備の消火に対応している。
3 ノズル部分で空気を吸引し、消火剤と空気が混ざり泡となる。
4 すべて蓄圧式である。

問 20

二酸化炭素消火器について、誤っているものは次のうちどれか。

1　二酸化炭素消火器は蓄圧式である。
2　指示圧力計によりガス量を測定する。
3　安全弁が必要である。
4　地下街に設置してはならない。

問 21

蓄圧式粉末消火器について、正しいものは次のうちどれか。

1　放射圧力源として二酸化炭素を用いる。
2　サイホン管の先端には粉上り防止封板を設ける。
3　指示圧力計を設ける。
4　レバー式の開閉装置等により、薬剤の放射停止を行ってはならない。

問 22

消火薬剤を充てんする場合の注意事項として、誤っているものは次のうちどれか。

1　化学泡消火器の内部で消火薬剤を溶かす作業は行わない。
2　蓄圧式強化液消火器は、規定量の強化液を入れた後、窒素ガスで加圧する。
3　加圧式粉末消火器は、規定量の粉末消火剤を入れ、加圧用ガス容器・粉上り防止封板を取り付け、最後に安全栓をセットする。
4　粉末消火器内部に残っている消火剤は、その全てを排出した後、新しい消火剤を充てんする。

問 23

内部及び機能の点検対象となる消火器は次のうちどれか。

1　二酸化炭素消火器で、製造年から 5 年経過したもの。
2　加圧式化学泡消火器で、設置後 1 年を経過したもの。
3　蓄圧式粉末消火器で、製造後 3 年を経過したもの。
4　蓄圧式強化液消火器で、製造後 3 年を経過したもの。

問 24

消火薬剤の廃棄処理について、誤っているものは次のうちどれか。

1　粉末消火薬剤は袋詰めの後、缶に収めて処理をする。
2　二酸化炭素消火薬剤は、人体等に危害を生じない場所で少量ずつ処理をする。
3　強化液消火薬剤は、多量の水で水素イオン濃度を十分下げた後、処理をする。
4　化学泡消火薬剤は、内筒剤と外筒剤を混合中和した後、大量の水を流しながら処理をする。

構造・機能及び整備の方法（規格）

問 25

規格省令上、化学泡消火器の正しい使用温度範囲は次のうちどれか。

1　0℃〜35℃
2　0℃〜40℃
3　5℃〜35℃
4　5℃〜40℃

問 26

消火器のホースについて、規格省令上、誤っているものは次のうちどれか。

1 消火器の使用温度範囲において耐久性を有すること。
2 据置式の消火器には、有効長 10 m のホースが必要である。
3 据置式以外の消火器には、30 cm 以上のホースが必要である。
4 粉末消火器で消火剤が 1 kg 以下の場合は、ホースを取り付けなくともよい。

問 27

安全栓が取り付けられている消火器について、規格省令上、正しいものは次のうちどれか。

1 安全栓の引抜きリング部分の塗色は、黄色または赤色とする。
2 安全栓は、二動作で簡単に引き抜くことができる。
3 リング部分の内径は、2.5 cm 以上とする。
4 安全栓は、上方に引き抜けるよう取り付けられていること。

問 28

消火器に設ける指示圧力計について、規格省令上、正しいものは次のうちどれか。

1 蓄圧式の消火器には、すべて設けなければならない。
2 加圧式の消火器には、すべて設けなければならない。
3 機械泡消火器には、すべて設ける必要がない。
4 二酸化炭素消火器には、すべて設ける必要がない。

問 29

　二酸化炭素消火器に充てんする液化二酸化炭素の充てん比として、規格省令に定められているものは次のうちどれか。

1　0.8 以上
2　1.0 以上
3　1.2 以上
4　1.5 以上

問 30

　消火器用消火薬剤について、規格省令上、正しいものは次のうちどれか。

1　消火器用消火薬剤に浸潤剤を混和または添加してはならない。
2　強化液消火薬剤の凝固点は− 20℃以下としなければならない。
3　泡消火薬剤に防腐剤等を混ぜてはならない。
4　粉末消火薬剤は、水面に均一に散布した場合、30 分以内に沈降しないこと。

第1回 [実技]

鑑別等

問1

下の写真 A ～ F は、車載式消火器を示したものである。次の設問に答えなさい。

A 粉末消火器
   薬剤量：40 kg

B 粉末消火器
   薬剤量：20 kg

C 機械泡消火器
   薬剤量：20 L

D 二酸化炭素消火器
   薬剤量：23 kg

1 危険物施設に設置する第4種消火設備に該当するものを記号で答えなさい。

2 危険物施設に設置する第5種消火設備に該当するものを記号で答えなさい。

解答欄

1		2	

▶▶ 正解・解説　別冊2 P.14 ～ P.15

下の写真に示す消火器について、次の設問に答えなさい。

1　この消火器は、どのような火災の消火に適応するか、該当する火災種別をすべて○で囲み答えなさい。

2　この消火器に使用される消火薬剤を答えなさい。

3　次の記述について、（　）内に当てはまる語句を記入しなさい。
「この消火器は、消防法施行令別表第1（16の2）項、（16の3）項に掲げる防火対象物並びに総務省令で定める（　　）、（　　）その他の場所に設置してはならない。」

4　設問3の場所に、この消火器を設置してはならない理由を答えなさい。

$\frac{1}{2}$以上が緑色
（編集部注記）

解答欄

1	普通火災（A火災）　　油火災（B火災）　　電気火災（C火災）
2	
3	
4	

問3

下の図は、粉末消火器の部品を示したものである。次の設問に答えなさい。

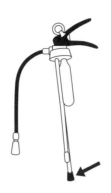

1　図上、矢印で示されている部分の部品が取り外されている。この部品の名称を下記の語群から選び、記号で答えなさい。

語群
　ア　フィルター　　　イ　粉上り防止用封板
　ウ　逆流防止装置　　エ　ゴムキャップ

2　この部品を取り付ける目的を1つ答えなさい。

解答欄

1	
2	

問4

　下記は加圧式粉末消火器の点検票（その1）（その2）の抜粋である。この消火器の内部・機能点検で必要な項目に○を記入しなさい。なお、この消火器は製造後3年経過している。

点 検 項 目		点 検 結 果								措 置 内 容
		消火器の種別						判定	不 良 内 容	
		A	B	C	D	E	F			
機 器 点 検										
消火器の内部等・機能	本・体内容筒器等	本 体 容 器								
		内 筒 等								
		液 面 表 示								
	消薬火剤	性　　　　　状								
		消 火 薬 剤 量								
	加 圧 用 ガ ス 容 器									
	カ ッ タ ー・押 し 金 具									
	ホ ー ス									
	開閉式ノズル・切替式ノズル									
	指 示 圧 力 計									
	使 用 済 み の 表 示 装 置									
	圧 力 調 整 器									
	安 全 弁・減 圧 孔（排圧栓を含む。）									
	粉 上 り 防 止 用 封 板									
	パ ッ キ ン									
	サ イ ホ ン 管・ガ ス 導 入 管									
	ろ 過 網									
	放 射 能 力									

備考　消火器の種別欄は、該当するものについて記入すること。Aは粉末消火器、Bは泡消火器、
　　　Cは強化液消火器、Dは二酸化炭素消火器、Eはハロゲン化物消火器、Fは水消火器をいう。

問5

下の写真をみて、次の設問に答えなさい。

1　この器具の名称を答えなさい。
2　この器具を使用する目的を答えなさい。

解答欄

1	
2	

Memo

第2回

消防設備士試験
6類問題

	試 験 科 目		問題数
筆 記	消防関係法令	法令共通	6 問
		法令類別	4 問
	基礎的知識	機 械	5 問
	構造・機能等	機 械	9 問
		規 格	6 問
	合 計		30 問
実 技	鑑別等		5 問
	合 計		5 問

［解答時間］
　　1 時間 45 分

※筆記の解答は、109 ページにある解答カード（解答用紙）に
　記入しましょう。解答カードはコピーして利用しましょう。
※実技は、問題用紙に解答欄がありますので、直接記入するか、
　別紙に書き出してください。

～～～第 2 回 [筆記] ～～～

消防関係法令 (共通)

問1

消防法に規定する用語について、誤っているのは次のうちどれか。

1　関係者とは、防火対象物又は消防対象物の所有者、管理者又は占有者をいう。
2　防火対象物とは、山林又は舟車、船きょ若しくはふ頭に繋留された船舶、建築物その他の工作物又は物件をいう。
3　危険物とは、消防法別表第1に掲げる物品で、同表の性状を有するものをいう。
4　関係ある場所とは、防火対象物又は消防対象物のある場所をいう。

問2

既存の防火対象物における消防用設備等の技術上の特例適用について、消防法令上、誤っているものは次のうちどれか。

1　政令施行前からある防火対象物は、一部でも増築されれば、現行の技術上の基準が適用される。
2　漏電火災警報器は、防火対象物の用途に関係なく既存の防火対象物であっても現行の技術上の基準が適用される。
3　工場を倉庫に用途変更し、技術上の基準に適合しなくなった場合は、原則として用途変更前の工場に関わる技術上の基準が適用される。
4　消火器、避難器具など特定の消防用設備等を除き、原則として既存の大学校には現行の技術上の基準は適用されない。

問3

　消防用設備等の定期点検を消防設備士又は総務大臣が認める資格を有する者にさせなければならない防火対象物として消防法施行令で定められているものは、次のうちどれか。

1　700m² のキャバレー
2　1,000m² の工場
3　1,200m² の集会場
4　1,500m² の小学校

問4

　消防法令で設置義務のある消防用設備等又は特殊消防用設備等に係る整備のうち、消防設備士でなければ行ってはならないものは、次のうちどれか。

1　キャバレーに設置する消火器
2　映画館に設置する自動火災報知設備の電源の部分
3　病院に設置する誘導灯
4　幼稚園に設置するすべり台

問5

　検定対象機械器具等の型式承認を行う申請先として、消防法令上、正しいものは次のうちどれか。

1　日本消防検定協会
2　総務大臣
3　消防庁長官
4　登録検定機関

問6

防災管理者及びその業務内容について、消防法令上、誤っているものは次のうちどれか。

1 防災管理者を定めるべき義務者は、管理について権原を有する者である。
2 防火管理者が定められていれば防災管理者を定める必要がない。
3 防災管理者の責務として防災管理に係る消防計画を作成し、避難の訓練を定期的に実施しなければならない。
4 防災管理を要する災害として地震が定められている。

消防関係法令（類別）

問7

消防法令上、消火器具の設置が必要な防火対象物は、次のうちどれか。
ただし、いずれも 2 階以下で普通階とする。

1 延べ面積 100m² の作業場
2 延べ面積 150m² の神社
3 延べ面積 200m² の寄宿舎
4 延べ面積 250m² の事務所

問8

　地下街に設置できる消火器として、消防法令上、正しいものは次のうちどれか。

1　二酸化炭素消火器
2　ハロン 1011 消火器
3　ハロン 1301 消火器
4　ハロン 2402 消火器

問9

　電気設備の火災に適応しない消火器具は、次のうちどれか。

1　ハロゲン化物を放射する消火器
2　消火粉末を放射する消火器
3　霧状の水を放射する消火器
4　棒状の水を放射する消火器

問10

　消火器の設置位置について、消防法令上、正しいものは次のうちどれか。

1　ボイラーの直前に二酸化炭素消火器が設置してある。
2　冷凍倉庫内に化学泡消火器を設けてある。
3　厨房の床に設けてある。
4　廊下の各部分から歩行距離 10m の位置に設けている。

▶▶ 正解・解説　別冊 2 P.25 〜 P.27　　31

機械に関する基礎的知識

問11

力の釣り合う3条件の組合せとして、正しいものは次のうちどれか。

1　力の大きさが等しい、方向が等しい、作用線が同一線上。
2　力の大きさが等しい、方向が正反対、作用線が同一線上。
3　方向が等しい、作用線が直角、働く時間が等しい。
4　方向が正反対、作用線が同一線上、働く時間が等しい。

問12

丸棒に引張荷重を加えた結果、100cmの丸棒が104cmに伸びた。この場合のひずみの値として、正しいものは次のうちどれか。

1　0.04
2　4
3　0.4
4　1.04

問13

距離 S〔m〕を t〔分〕で走ったときの毎秒の速度 v〔m/s〕は、次のうちどれか。

1　$v = S/t$
2　$v = S/60t$
3　$v = 100S/t$
4　$v = 60S/t$

問14

相対圧力と大気圧が下図のように表されるとき、かっこ内に入る言葉で正しいものは次のうちどれか。

1 絶対圧力
2 ゲージ圧力
3 水銀柱
4 標準大気圧

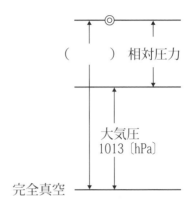

問15

金属材料は工業材料として多く使われるが、単体の金属として使用されることはあまりなく、単体にさまざまな元素を含ませたものが多く使われる。このような金属材料を表すものは、次のうちどれか。

1 合金
2 特殊鋼
3 弾性体
4 鉄鋼

構造・機能及び整備の方法（機械）

問 16

指示圧力計に関して、誤っているものは次のうちどれか。

1 指示圧力の許容誤差は、使用圧力の範囲の圧力値の上下 10 ％以内とする。
2 使用圧力の範囲を示す部分は赤色で明示する。
3 指針及び目盛り板は、耐食性を有する金属である。
4 外部からの衝撃に対して保護されている。

問 17

化学泡消火器について、誤っているものは次のうちどれか。

1 転倒式のものは外筒剤（A 剤）と内筒剤（B 剤）が充てんされている。
2 化学反応により発生した CO_2 のガス圧により放射する。
3 消火効果は抑制効果による。
4 普通火災と油火災に適する。

問 18

手さげ式のガス加圧式粉末消火器に関する説明で、正しいものは次のうちどれか。

1 開閉バルブは、ノズル先端に設けられている。
2 開閉バルブ式は、少しずつ放射すれば何回も使える。
3 開閉バルブ式のものは、使用済の表示を設けなければならない。
4 開閉バルブ式は、作動後も容器内を気密に保持できる。

問19

内容積が100m³以下の加圧用ガス容器について、誤っているものは次のうちどれか。

1　ガスを充てんして40℃の温水中に2時間浸す試験を行った場合において、漏れを生じないこと。
2　二酸化炭素を用いる加圧用ガス容器の内容積は、充てんする液化炭酸の1gにつき1.5cm³以上であること。
3　作動封板は、17.5MPa以上設計容器破壊圧力の4分の3以下の圧力を水圧力で加える試験を行った場合において、破壊されること。
4　加圧用ガス容器は、破壊されるとき周囲に危険を及ぼすおそれが少ないこと。

問20

機器点検のうち、消火器の内部及び機能に係る項目の点検の実施数について、誤っているものは次のうちどれか。

1　粉末消火器は全数実施する。
2　化学泡消火器は全数実施する。
3　強化液消火器の蓄圧式は抜取り試料数について実施することができる。
4　蓄圧式機械泡消火器は抜取り試料数について実施することができる。

問21

消火器の本体容器の点検・整備について、誤っているものは次のうちどれか。

1　錆がはく離するものは、ケレンなどで錆を落として塗装し直す。
2　溶接部が損傷しているものは、廃棄する。
3　著しい損傷があり、機能上支障のおそれのあるものは、廃棄する。
4　腐食のあるものは、耐圧性能に関する点検を行う。

問 22

蓄圧式消火器の点検の結果、異常と認められるのは次のうちどれか。

1 指示圧力計の指針は緑色の範囲内にある。
2 安全栓が装着されているのに圧力が 0 である。
3 指示圧力計の表面に㊟のマークが付されている。
4 安全栓の封が取り付けられている。

問 23

粉末消火器（加圧式）の分解方法で、誤っているものは次のうちどれか。

1 分解に先立ち安全栓を外す。
2 排圧栓のあるものは、徐々に開いて排圧する。
3 排圧栓のないものは、キャップを静かに開け、減圧孔から内圧が噴き出したらそのまま排圧する。
4 キャップを外し、バルブ全体を本体から外す。

問 24

化学泡消火器を点検する場合の注意事項として、誤っているものは次のうちどれか。

1 本体容器の内外を水洗いする。
2 化学泡消火器のポリカーボネートのキャップ等合成樹脂部品の汚れはベンジン等の有機溶剤を用いて清浄する。
3 キャップを緩める場合は木の棒で緩める。
4 転倒式のものは点検時に誤って倒さないようクランプ台で固定する。

構造・機能及び整備の方法（規格）

問25

火災と消火器について、誤っているものは次のうちどれか。

1　A火災用の消火器は、B火災やC火災には使えない。
2　消火器には、C火災の能力単位を併せて表示する。
3　A火災とは、木・紙等のいわゆる普通の火災をいう。
4　B火災とは、いわゆる灯油・ガソリン等の油の火災をいう。

問26

消火器の使用温度範囲として規格省令に規定されているものについて、誤っているものは次のうちどれか。

1　粉末消火器は、0℃以上40℃以下
2　強化液消火器は、0℃以上40℃以下
3　化学泡消火器は、5℃以上40℃以下
4　二酸化炭素消火器は、－5℃以上40℃以下

問27

粉末消火薬剤の主成分について、現在使われていないものは次のうちどれか。

1　リン酸アンモニウムを主成分としたもの
2　炭酸水素カリウムを主成分としたもの
3　炭酸水素ナトリウムを主成分としたもの
4　塩化ナトリウムを主成分としたもの

消火器の放射性能について、規格省令上、正しいものは次のうちどれか。

1　異常な操作方法でも有効に放射できること。
2　すべての薬剤を放射できること。
3　放射時間は温度 20℃で 10 秒以上であること。
4　放射距離は 10m 以上であること。

ろ過網を設けなければならない消火器は、次のうちどれか。

1　二酸化炭素消火器
2　ガス加圧式粉末消火器
3　化学泡消火器
4　蓄圧式強化液消火器

蓄圧式の消火器の指示圧力計について、規格省令上、誤っているものは次のうちどれか。

1　蓄圧式の二酸化炭素消火器には、指示圧力計を設けなければならない。
2　外部からの衝撃に対し保護されていること。
3　使用圧力の範囲を示す部分を緑色で明示すること。
4　圧力検出部及びその接合部は、耐久性を有すること。

鑑別等

問1

下の写真に示す消火器の名称を答えなさい。

1

2

$\frac{1}{2}$以上が
緑色

(編集部注記)

3

解答欄

1	
2	
3	

▶▶ 正解・解説　別冊2 P.38〜P.40　39

問2

　下の図は、消火器の構造を示したものである。次の各設問に答えなさい。

1　名称を答えなさい。
2　操作方法を答えなさい。
3　加圧方式を答えなさい。

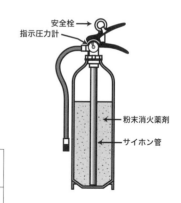

安全栓→
指示圧力計→
粉末消火薬剤
サイホン管

解答欄

1	
2	
3	

問3

　下の写真は、消火器の部品を示したものである。次の各設問に答えなさい。

1　名称を答えなさい。
2　用途を答えなさい。
3　取り付けられている消火器の名称を1つ答えなさい。

解答欄

1	
2	
3	

問4

標準圧力計、継手金具、圧力調整器について、次の各設問に答えなさい。

1 使用目的を答えなさい。
2 これら3つの器具を用いて点検・整備を行う消火器の代表的なものの名称を答えなさい。
3 圧力調整器を用いる場合の留意事項を答えなさい。

解答欄

1	標準圧力計	
	継手金具	
	圧力調整器	
2		
3		

▶▶ 正解・解説　別冊2 P.41 ～ P.42

問5

　下の図は、消火器の一部分を示したものである。次の各設問に答えなさい。

1　作業名を答えなさい。
2　作業の目的を答えなさい。
3　使用器具を答えなさい。
4　使用済みの場合も必要か答えなさい。
5　この作業により何を防ぐのか答えなさい。

解答欄

1	
2	
3	
4	
5	

第3回

消防設備士試験 6類問題

筆　記	試　験　科　目		問題数
筆　記	消防関係法令	法令共通	6 問
筆　記	消防関係法令	法令類別	4 問
筆　記	基礎的知識	機　械	5 問
筆　記	構造・機能等	機　械	9 問
筆　記	構造・機能等	規　格	6 問
筆　記	合　計		30 問
実　技	鑑別等		5 問
実　技	合　計		5 問

［解答時間］
　　1 時間 45 分

※筆記の解答は、110 ページにある解答カード（解答用紙）に
　記入しましょう。解答カードはコピーして利用しましょう。
※実技は、問題用紙に解答欄がありますので、直接記入するか、
　別紙に書き出してください。

消防関係法令（共通）

問1

　防火管理者及びその業務内容について、消防法令上、誤っているものは次のうちどれか。

1　消火器具の設置を要する特定防火対象物には、収容人員に関係なく防火管理者を置かなければならない。
2　防火管理者の選任は防火対象物の管理につき権原を有する者が行い、防火管理者を定めたときは、遅滞なく所轄消防長又は消防署長に届け出なければならない。
3　防火管理者は、消防計画を作成し、これに基づき消火、通報及び避難訓練を実施しなければならない。
4　防火管理者は、消火器の点検及び整備に関し必要な業務を行わなければならない。

問2

　消防法第17条第2項の規定では、消防法施行令で定める消防用設備等の技術上の基準と異なる基準を設けることができるとされているが、これは次のうちどれか。

1　消防庁長官が定める基準
2　市町村の条例
3　都道府県の条例
4　都道府県知事が定める基準

問3

政令で定める防火対象物における消防用設備等の法定点検について、消防法令上、点検実施の資格者として定められていないものは、次のうちどれか。

1　甲種消防設備士
2　乙種消防設備士
3　消防設備点検資格者
4　防火管理者

問4

消防用設備等を技術上の基準に従って維持すべき命令に違反して、必要な措置をしなかった者への罰則として、正しいものは次のうちどれか。

1　1万円以下の罰金又は拘留
2　5万円以下の罰金又は拘留
3　10万円以下の罰金又は拘留
4　30万円以下の罰金又は拘留

問5

消防設備士について、正しいものは次のうちどれか。

1　甲種消防設備士は、1種類の工事整備対象設備等の工事だけを行える。
2　甲種消防設備士は、指定された消防用設備等又は特殊消防用設備等の整備だけを行える。
3　甲種消防設備士は、消防用設備等のすべての種類の工事及び整備を行える。
4　乙種消防設備士は、消防設備士免状に指定された消防用設備等の整備を行える。

問6

　消防用設備等のうち、検定を必要としないものとして、消防法令上、誤っているものは次のうちどれか。

1　消火器具のうち住宅用の消火器
2　加圧式消火器の加圧用ガス容器
3　消防自動車に積載する動力消防ポンプ
4　スプリンクラー設備の開放型スプリンクラーヘッド

消防関係法令（類別）

問7

　消防法令上、面積の広さにかかわらず、消火器具の設置を義務づけられている防火対象物は、次のうちどれか。

1　ホテル
2　スーパーマーケット
3　共同住宅
4　ダンスホール

消火器具の設置基準について、消防法令上、誤っているものは次のうちどれか。

1　床面からの高さが、1m以下の箇所に設ける。
2　消火剤が凍結するおそれが少ない箇所に設ける。
3　地震による震動等で転倒して、消火剤が漏出しない措置を講じる。
4　水バケツの設置箇所には、「消火バケツ」の標識を設ける。

スプリンクラー設備を設けたとき、消防法令上、大型消火器以外の消火器具の能力単位数を減少できる数値として、正しいものは次のうちどれか。
ただし、10階以下の建物である。

1　2分の1まで
2　3分の1まで
3　4分の1まで
4　5分の1まで

消防法令上、防火対象物の各部分から一の消火器具（大型消火器は除く）までの距離として、正しいものは次のうちどれか。

1　歩行距離10m以下
2　歩行距離20m以下
3　歩行距離30m以下
4　歩行距離40m以下

▶▶ 正解・解説　別冊2 P.46〜P.48　

第3回
[筆記]

機械に関する基礎的知識

問11

　蓄圧式消火器内に生ずる圧力によって本体容器に生ずる応力は、次のうちどれか。

1　引張応力
2　圧縮応力
3　曲げ応力
4　せん断応力

問12

　許容応力、安全率、最大強さの関係について、正しいものは次のうちどれか。

1　最大強さは、安全率から許容応力を引いたものである。
2　最大強さは、許容応力を安全率で除したものである。
3　許容応力は、最大強さを安全率で除したものである。
4　許容応力は、安全率から最大強さを引いたものである。

問 13

摩擦係数 0.4、重量 100〔N〕の物体が、水平面に置かれており、接触面積は 30〔cm²〕である。この物体の最大摩擦力として、正しいものは次のうちどれか。

1　　20〔N〕
2　　40〔N〕
3　　60〔N〕
4　　120〔N〕

問 14

消火器には金属が使用されるが、金属の性質のうち消火器に用いられる理由と直接関係ないものは、次のうちどれか。

1　展性に富む。
2　電気の良導体である。
3　可鋳性に富む。
4　可鍛性に富む。

問 15

鉄鋼材料は、次のうちどれか。

1　ジュラルミン
2　リン青銅
3　ステンレス鋼
4　砲金

構造・機能及び整備の方法（機械）

問 16

内容積が 100cm³ を超える加圧用ガス容器について、誤っているものは次のうちどれか。

1 内部に取り付ける容器の外面は、消火薬剤に侵されないものであること。
2 二酸化炭素を用いる容器の内容積は、液化炭酸 1g につき 2.0cm³ 以上であること。
3 外部に取り付ける容器は、外部の衝撃から保護する措置を講じていること。
4 二酸化炭素、窒素ガス等の充てんするものにかかわらず、所定の水圧試験において漏れ等がないこと。

問 17

蓄圧式強化液消火器等の蓄圧力について、誤っているものは次のうちどれか。

1 容器の蓄圧力は、おおむね 0.7MPa ～ 0.98MPa である。
2 ハロン 1301 消火器の容器は、高圧ガス保安法の適用を受ける。
3 蓄圧式強化液消火器の容器は、高圧ガス保安法の適用を受けない。
4 蓄圧力は、常に一定値でなければならない。

問 18

強化液消火器について、誤っているものは次のうちどれか。

1 強化液消火器には、加圧式と蓄圧式がある。
2 蓄圧式強化液消火器の使用圧力範囲は、0.7MPa 以上 0.98MPa 以下である。
3 強化液消火器の主な消火作用は、冷却作用と抑制作用である。
4 強化液消火器の使用温度範囲は、0℃以上 40℃以下である。

問19

二酸化炭素消火器を使用・設置するうえでの注意事項で、誤っているものは次のうちどれか。

1 直接吸うと危険であるため、吸わない。
2 著しく高温の場所には置かない。
3 有効に換気できない地階には置かない。
4 指示圧力計で圧力があるか確認する。

問20

機器点検の実施項目について、誤っているものは次のうちどれか。

1 化学泡消火器は、全数について放射試験を実施しなければならない。
2 加圧式水消火器は、全数の10％以上放射試験を実施しなければならない。
3 粉末消火器は、抜取り数の50％以上放射試験を実施しなければならない。
4 蓄圧式の強化液消火器は、抜取り数の50％以上放射試験を実施しなければならない。

問21

消火器の使用済みの表示装置及び安全栓の点検について、正しいものは次のうちどれか。

1 使用済表示装置の取り付けのない蓄圧式消火器で安全栓が脱落しているものは、消火器の内部及び機能に係る項目の点検を行う。
2 粉末消火器で安全栓が脱落し、使用済表示装置に異常がないものは、消火器を交換する。
3 ハロン1301消火器で使用済表示装置が脱落しているものは、消火器の内部及び機能に係る項目の点検を行う。
4 二酸化炭素消火器で使用済表示装置が脱落しているものは、消火器の内部及び機能に係る項目の点検を行う。

問22

蓄圧式強化液消火器の薬剤充てんに使う器具で、誤っているものは次のうちどれか。

1 標準圧力計
2 圧力調整器
3 継手金具
4 ろうと

問23

転倒式化学泡消火器の点検で、誤っているものは次のうちどれか。

1 分解する前に残圧の有無を確認する。
2 消火薬剤が密閉されていないので本体容器の点検時傾けない。
3 金属製のてこ棒をキャップハンドルに挿入して左回りに回してキャップを緩める。
4 内筒、外筒それぞれの消火薬剤の量を、液面表示で確認する。

問24

下の器具を用いて、点検・整備を行う消火器は、次のうちどれか。

［クランプ台、キャップスパナ、ろうと、標準圧力計、メスシリンダ］

1 加圧式粉末消火器
2 化学泡消火器
3 蓄圧式強化液消火器
4 二酸化炭素消火器

問 25

自動車用消火器として、不適切なものは次のうちどれか。

1　粉末消火器
2　化学泡消火器
3　ハロン 1301 消火器
4　二酸化炭素消火器

問 26

消火器の適応火災として、誤っているものは次のうちどれか。

1　強化液消火器は、A 火災、B 火災及び C 火災に適応するものがある。
2　機械泡消火器は、A 火災、B 火災及び C 火災に適応するものがある。
3　粉末消火器は、A 火災、B 火災及び C 火災に適応するものがある。
4　化学泡消火器は、A 火災及び B 火災に適応する。

問 27

消火薬剤の容器又は包装に掲げる表示で、規格省令上、必要ないものは次のうちどれか。

1　品名
2　型式番号
3　充てんされるべき消火器の区別
4　消火薬剤の成分を示した化学式

消火器の放射性能に関して、規格省令上、誤っているものは次のうちどれか。

1 放射の操作が完了した後すみやかに消火剤を有効に放射するものであること。
2 放射時間は、温度20℃において10秒以上であること。
3 消火に有効な放射距離を有するものであること。
4 化学泡消火薬剤にあっては、充てんされた消火剤の容量の90％以上の量を放射できるものであること。

ろ過網に関する規定のうち、規格省令上、誤っているものは次のうちどれか。

1 すべての消火器にろ過網を設けなければならない。
2 ろ過網は、ノズル又はホースに通ずる薬剤導出管の本体容器内からの入口部分に設けること。
3 ろ過網の目の最大径はノズルの最小径の4分の3以下であること。
4 ろ過網の目の合計面積は、ノズル開口部の最小断面積の30倍以上である。

手さげ式の消火器の安全栓について、規格省令上、誤っているものは次のうちどれか。

1 内径が3cm以上のリング部、軸部及び軸受部より構成されていること。
2 装着時において、リング部は軸部が貫通する上レバーの穴から引き抜く方向に引いた線上にあること。
3 リング部の塗色は、黄色仕上げとすること。
4 上方向（消火器を水平面上に置いた場合、垂直軸から30度以内の範囲をいう。）に引き抜くよう装着されていること。

鑑別等

問1

下の写真は、消火器を示したものである。次の各設問に答えなさい。

1 ガス導入管が必要なものはどれか番号で答えなさい。
2 ろ過網が必要なものはどれか番号で答えなさい。
3 液面表示が必要なものはどれか番号で答えなさい。
4 C火災に適するものはどれか番号で答えなさい。

化学泡
①

加圧式粉末
②

$\frac{1}{2}$以上が
緑色
（編集部注記）

二酸化炭素
③

解答欄

1		2		3		4	

▸▸ 正解・解説 別冊2 P.60 〜 P62

粉末消火器（蓄圧式）の分解作業について、次の各設問に答えなさい。

1 分解作業で使用する器具を2つ答えなさい。
2 分解作業時の留意事項を1つ答えなさい。

解答欄

1	
2	

問3

次に示されている2種類の粉末について、次の各設問に答えなさい。

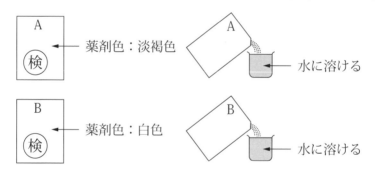

1 A剤、B剤を用いる消火器名を答えなさい。
2 A剤、B剤はどのように消火器に充てんするか答えなさい。
3 A剤、B剤を消火器に用いる場合、どのように使用するか答えなさい。

解答欄

1	
2	
3	

問4

　エアーガンを用いて、通気試験及びクリーニングを行った。次の各設問に答えなさい。

1　作業目的を答えなさい。
2　作業順序を答えなさい。
3　作業上の留意事項を答えなさい。

解答欄

1	
2	
3	

問5

　次ページの1階平面図に示す防火対象物に、下記条件において消火器を設置する場合、必要最小個数を防火対象物の部分ごとに答えなさい。

〈条件〉

1. この防火対象物は、令別表第1（12）項イに該当する工場である。
2. この階は、無窓階には該当しない。
3. 主要構造部は耐火構造で、この階の内装は不燃材料で仕上げてある。
4. 設置にあたって、歩行距離による規制は考慮しないものとする。
5. ほかの消防用設備等の設置による設置個数の減少はないものとする。
6. 能力単位の算定基礎数値は、防火対象物の床面積を 200m² で割った数値とする。
7. 設置する消火器1本の能力単位の数値は、A火災及びB火災とも2とし、C火災に適応しているものとする。
8. 少量危険物貯蔵所に貯蔵するガソリンの指定数量は 200L とする。

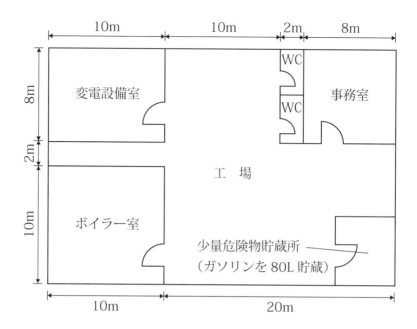

1　1 階床面積に対する設置個数
2　少量危険物貯蔵所に対する設置個数
3　変電設備室に対する設置個数
4　ボイラー室に対する設置個数

解答欄

1		2		3		4	

第4回

消防設備士試験
6類問題

	試　験　科　目		問題数
筆　記	消防関係法令	法令共通	6 問
		法令類別	4 問
	基礎的知識	機　械	5 問
	構造・機能等	機　械	9 問
		規　格	6 問
	合　　計		30 問
実　技	鑑別等		5 問
	合　　計		5 問

［解答時間］
　　1 時間 45 分

※筆記の解答は、110 ページにある解答カード（解答用紙）に
　記入しましょう。解答カードはコピーして利用しましょう。
※実技は、問題用紙に解答欄がありますので、直接記入するか、
　別紙に書き出してください。

消防関係法令（共通）

問 1

屋外での火災の予防措置について、消防法令上、誤っているものは次のうちどれか。

1　消防吏員は、たき火を行っている者に対して、消火の準備を命ずることができる。
2　消防本部を置かない市町村の長は、たき火を行っている者に対して、自ら火粉の始末を命ずることができる。
3　消防署長は、所有権が分からず措置命令ができない危険物に対して、消防職員にその除去を行わせることができる。
4　消防職員は、放置され消火、避難その他の消防の活動に支障になる物件の占有者に対して、消防団員を介してその破棄を命ずることができる。

問 2

消防法令上、統括防火管理が必要なものは、次のうちどれか。

1　複数の管理権原者がいる地下街で、消防長又は消防署長が指定していないもの
2　複数の管理権原者がいる高さ 31m を超える建築物
3　2 階建ての大規模な小売店舗で、延べ面積が 10,000m² のもの
4　マンションと事務所の用途が存する複合用途防火対象物で、地階を除く階数が 4 のもの

問3

　消防用設備等を設置する場合、消防法令上、同一の建築内でAの用途とBの用途がそれぞれ別の防火対象物とみなされる場合は、次のうちどれか。

1　AとBの所有者が異なる場合
2　AとBが開口部のない耐火構造の床又は壁で区画されている場合
3　AとBが可燃物を置く物置が付いた渡り廊下で接続されている場合
4　複合用途防火対象物でAとBの用途がそれぞれ異なる場合

問4

　消防用設備等又は特殊消防用設備等の点検結果の報告について、消防法令上、正しいものは次のうちどれか。

1　小学校は、1年に1回報告を行う。
2　工場、倉庫は、消防長又は消防署長の指定した1,000m²以上のものが3年に1回報告を行う。
3　マーケットは、消防長又は消防署長の指定した1,000m²以上のものが1年に1回報告を行う。
4　飲食店は、面積に関係なく、1年に1回報告を行う。

問5

　消防用設備等の設置届出、検査について、消防法令上、正しいものは次のうちどれか。

1　消防設備士が試験を行い、届け出なければならない。
2　届出は、設置工事に着手する10日前の日までである。
3　映画館は、延べ面積に関係なく、検査を受けなければならない。
4　設備等技術基準に適合しているときは、検査済証が交付される。

問6

消防の用に供する機械器具等について、消防法第21条の2の検定の対象とされていないものは、次のうちどれか。

1　火災報知設備の受信機
2　消火器用消火薬剤（二酸化炭素を除く）
3　非常警報設備のうち放送設備
4　緩降機

消防関係法令（類別）

問7

防火対象物について、消防法令上、面積に関係なく消火器具を設置しなければならないものは、次のうちどれか。

1　百貨店
2　幼稚園
3　養護老人ホーム
4　図書館

問8

消火器具の所要能力単位の算出方法として、消防法令上、正しいものは次のうちどれか。

ただし、いずれの防火対象物にも消火器具以外の消火設備は設置されておらず、附加設置の基準も考慮に入れないものとする。

1　木造の幼稚園にあっては、延べ面積を200m²で除して得た数以上の数値
2　主要構造部を耐火構造とし、かつ、壁及び天井の屋内に面する部分の仕

上げを難燃材料で仕上げた集会場にあっては、延べ面積を 50m² で除して
得た数以上の数値
3　耐火建築物の旅館にあっては、延べ面積を 100m² で除して得た数以上
の数値
4　準耐火建築物の飲食店にあっては、延べ面積を 200m² で除して得た数
以上の数値

問 9

　危険物貯蔵所に消火設備を設置する際、危険物の貯蔵量に対して設置の基
準となる 1 所要単位として、正しいものは次のうちどれか。

1　危険物の指定数量の 10 倍
2　危険物の指定数量の 20 倍
3　危険物の指定数量の 30 倍
4　危険物の指定数量の 40 倍

問 10

　二酸化炭素消火器の設置について、次の文中（　）内に当てはまる数値の
組合せとして、正しいものはどれか。

「二酸化炭素消火器は、換気について有効な開口部の面積が床面積の（ア）
以下で、かつ、当該床面積が（イ）m² 以下の地階、無窓階又は、居室に設
けてはならない。」

	（ア）	（イ）
1	40 分の 1	10
2	10 分の 1	40
3	30 分の 1	20
4	20 分の 1	30

機械に関する基礎的知識

問11

　物体に力のモーメント（回転力）が下図のように加わっている場合に、力の大きさ f と中心 O からの距離 ℓ の関係で、誤っているものは次のうちどれか。

1　回転力は、距離 ℓ が一定のときは、f の大きさに比例する。
2　回転力は、f が一定ならば距離 ℓ の長さに比例する。
3　回転力は $f \times \ell$ に比例する。
4　回転力は $f \times \ell$ に反比例する。

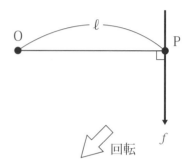

問12

　応力に関する説明で、誤っているものは次のうちどれか。

1　応力は外力に対抗する力である。
2　応力が働かないと物体はその状態を保てない。
3　応力は外力と同じ方向である。
4　応力は物体の内部に生ずる力である。

静止物体を動かすためには、$F = \mu N$という力が必要である。Fは必要な力、μは摩擦係数、Nは物体に働く垂直方向の力である。摩擦係数 μ は一定値であるが、何によって決まる値か。

1　接触面の状態
2　力の加わる方向
3　重力の大きさ
4　力の加わる時間

問 14

下図のように水が入った水槽の底部にかかる圧力は、次のうちどれか。

1　　 400 〔Pa〕
2　　 980 〔Pa〕
3　 3,920 〔Pa〕
4　 9,800 〔Pa〕

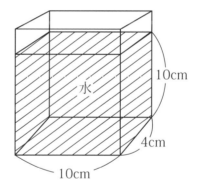

10cm

水

10cm

4cm

10cm

問 15

合金の組合せについて、誤っているものは次のうちどれか。

1　炭素鋼は炭素と鉄の合金である。
2　ステンレスは銅とニッケルとマンガンの合金である。
3　青銅は銅とすずの合金である。
4　黄銅は亜鉛と銅の合金である。

構造・機能及び整備の方法（機械）

問 16

消火器で、指示圧力計を設けなければならないものは、次のうちどれか。

1 蓄圧式粉末消火器
2 加圧式粉末消火器
3 二酸化炭素消火器
4 化学泡消火器

問 17

強化液消火器について、誤っているものは次のうちどれか。

1 霧状放射にした場合、普通火災だけに適応する。
2 実用面における使用温度範囲は、− 20℃〜 40℃である。
3 冷却作用のほか、抑制作用の消火作用がある。
4 蓄圧式には、蓄圧ガスとして圧縮空気、窒素ガスが用いられる。

問 18

化学泡消火器について、誤っているものは次のうちどれか。

1 内筒液と外筒液との化学反応によって圧力を発生する。
2 外筒液は酸性の A 剤、内筒液はアルカリ性の B 剤である。
3 液温が著しく低温の状態では機能が低下する。
4 放射時間は 10 秒以上である。

二酸化炭素消火器について、誤っているものは次のうちどれか。

1　容器本体は高圧ガス保安法の耐圧試験に合格したものとする。
2　二酸化炭素が充てんされていることを表示するために黒色に塗色する。
3　二酸化炭素ガスによる窒息作用により消火する。
4　油火災、電気火災にも適応性がある。

問 20

消火器の内部及び機能に係る点検に関して、誤っているものは次のうちどれか。

1　消火器の本体容器の点検は、照明器具を本体容器内に挿入して行う。
2　消火薬剤については、消火薬剤量のみを液面表示により確認する。
3　加圧用ガス容器は、目視により、変形、損傷、著しい腐食がなく、封板に損傷がないことを確認する。
4　ホースは取り外し、ホース及びホース接続部につまり等がないことを目視により確認する。

第4回

[筆記]

問 21

消火器の指示圧力計の点検、整備について、誤っているものは次のうちどれか。

1　指針が、緑色範囲の下限より下がっているものは、消火器の内部及び機能に係る項目の点検を行う。
2　指針が、緑色範囲の上限より上がっているものは、指示圧力計を取り替える。
3　指示圧力計の指針が腐食し固着しているものは、指示圧力計を取り替える。
4　指示圧力計のガラスが破損し指針が変形しているものは、指示圧力計を取り替える。

点検時に指示圧力計を確認するが、この目的は次のうちどれか。

1　加圧用ガス容器の圧力を見る。
2　消火器を使用して消火薬剤を噴出するときの圧力を見る。
3　消火器を設置している通常の状態で、容器の内圧が常に使える状態に維持されているかを見る。
4　消火薬剤の濃度を測定する。

ガス加圧式粉末消火器（開閉バルブ式）の通気試験について、誤っているものは次のうちどれか。

1　加圧用ガス容器は取り外して行う。
2　安全装置はセット、リセットを繰り返して、確実にセットできるかを確認する。
3　レバー操作は円滑で確実かを確認する。
4　レバーを握らない状態で、サイホン管からホースへの通気は確実かを確認する。

化学泡消火器（転倒式）の薬剤の充てん方法のうち、誤っているものは次のうちどれか。

1　消火薬剤は消火器内で溶かす。
2　外筒、内筒はよく水洗いする。
3　外筒液面表示の8割程度まで水を入れ、これをバケツに移し、薬剤を溶かして外筒に注入し、水を加えて液面表示に合わせる。
4　充てん年月日を明記した点検票を貼付する。

構造・機能及び整備の方法（規格）

問 25

規格省令上、大型消火器は、次のうちどれか。

	消火器の区分	薬剤の容量又は質量	能力単位
1	粉末消火器	15kg	A － 8、B － 15
2	強化液消火器	30L	A － 8、B － 5
3	二酸化炭素消火器	25kg	B － 10
4	機械泡消火器	20L	A － 10、B － 20

問 26

消火器の規定されている使用温度範囲について、規格省令上、誤っているものは次のうちどれか。

1 粉末消火器 ……………………0℃以上＋ 40℃以下
2 化学泡消火器 …………………－ 10℃以上＋ 40℃以下
3 機械泡消火器 …………………0℃以上＋ 40℃以下
4 強化液消火器 …………………0℃以上＋ 40℃以下

問 27

消火器用の粉末消火薬剤について、規格省令上、誤っているものは次のうちどれか。

1 りん酸塩類等には緑色系の着色を施さなければならない。
2 薬剤は、呼び寸法 180 マイクロメートル以下の微細な粉末である。
3 水面に均一に散布した場合、1 時間以内に沈降しないよう防湿処理がされている。
4 主成分は、ナトリウム、カリウムの重炭酸塩類又はりん酸塩類、硫酸塩

第4回

［筆記］

類の塩類である。

問 28

化学泡消火器の最低放射量として、規格省令上、正しいものは次のうちどれか。

1　75%
2　80%
3　85%
4　90%

問 29

液面表示を必要とする消火器は、次のうちどれか。

1　蓄圧式強化液消火器
2　化学泡消火器
3　機械泡消火器
4　粉末消火器

問 30

キャップ、プラグ等に関するものについて、規格省令上、誤っているものは次のうちどれか。

1　キャップ又はプラグ及び口金には、その間に容易にはずれないようにパッキンをはめ込むこと。
2　キャップ若しくはプラグ又は口金には、減圧孔を設けること。
3　キャップ又はプラグは、減圧が完了するまでの間は、本体容器の2分の1の圧力に耐えることができること。
4　キャップ又はプラグは、本体容器の耐圧試験を行った場合において、漏れを生ぜず、かつ、著しい変形を生じないこと。

━━ 第4回 [実技] ━━

鑑別等

問1

下の図は、消火器の構造図を示したものである。次の各設問に答えなさい。

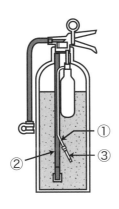

1 加圧方式は何式か答えなさい。
2 図の①、②、③の名称は何か答えなさい。

解答欄

1		
2	①	
	②	
	③	

▶▶ 解答・解説 別冊2 P.82～P.84

下の写真は、消火器を示したものである。次の各設問に答えなさい。

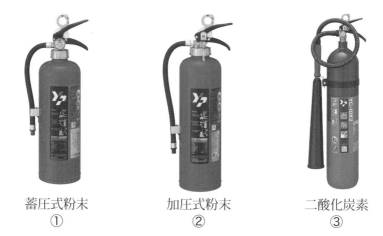

蓄圧式粉末　　　　　　加圧式粉末　　　　　　二酸化炭素
①　　　　　　　　　　②　　　　　　　　　　③

1　高圧ガス保安法の適用を受けるものはどれか番号で答えなさい。
2　指示圧力計が必要なものはどれか番号で答えなさい。
3　加圧用ガス容器が必要なものはどれか番号で答えなさい。

解答欄

1		2		3	

下の写真の消火器を放射した場合を想定し、次の各設問に答えなさい。なお、条件は次のとおりである。

〈条件〉

1. 消火器は、正常な操作方法で放射し、使用済みである。
2. 加圧用ガスは残っていない。
3. 放射後の消火器を計量すると、3.3kg であった。
4. 消火器の本体容器には、次のように表示されている。
   総質量　　：6.0kg
   薬剤質量：3.0kg
5. 加圧用ガスの質量は 60g である。

1　この消火器から放射されなかった消火薬剤の質量を答えなさい。
2　この消火器の放射性能が適合か不適合か答えなさい。

解答欄

1	
2	

問4

内容量7Lで容器内充てん圧力が14.7MPaの窒素ガス容器（窒素ボンベ）がある。このとき、次の各設問に答えなさい。

1 蓄圧式消火器の容器容量が3.5Lで薬剤容量が2.5Lの場合、何本の消火器に充てんできるか。ただし、消火器の圧力は0.98MPaとし、作業中の温度は一定とする。

解答欄

1	

問5

蓄圧式消火器に圧縮ガスを充てんする作業について、次の各設問に答えなさい。

1 ガス容器の塗色が灰色の場合、容器内にあるガスは何か答えなさい。
2 蓄圧式消火器に圧縮ガスを充てんする作業の留意点を1つ答えなさい。
3 蓄圧式消火器に圧縮ガスを充てんする作業を行う消火器名を1つ答えなさい。

解答欄

1	
2	
3	

74

第5回

消防設備士試験 6類問題

試 験 科 目		問題数
消防関係法令	法令共通	6 問
	法令類別	4 問
基礎的知識	機 械	5 問
構造・機能等	機 械	9 問
	規 格	6 問
合 計		30 問
鑑別等		5 問
合 計		5 問

筆記／実技 の区分は左列に記載。

［解答時間］
　　1 時間 45 分

※筆記の解答は、111 ページにある解答カード（解答用紙）に
　記入しましょう。解答カードはコピーして利用しましょう。
※実技は、問題用紙に解答欄がありますので、直接記入するか、
　別紙に書き出してください。

消防関係法令（共通）

問1

屋外で火災の予防に危険であると認められるたき火を行っている者に対して、消防法令上、火災予防上の措置を命ずることができない者は、次のうちどれか。

1　消防吏員
2　消防団長
3　消防署長
4　消防本部を置かない市町村の長

問2

危険物製造所等において、危険物取扱者以外の者が危険物を取り扱う場合について、消防法令上、正しいものは次のうちどれか。

1　当該危険物を取り扱うことができる資格所持者が立ち会った場合に限り危険物を取り扱うことができる。
2　製造所等の所有者が許可した場合のみ、危険物を取り扱うことができる。
3　危険物取扱者が作業の始めに指示し、その後は危険物取扱者がいなくても指示事項を遵守すれば危険物を取り扱うことができる。
4　危険物の取扱量が少なければ、危険物取扱者が立ち会わなくても危険物を取り扱うことができる。

問3

　延べ面積が 5,000m² の防火対象物の増築又は改築において、消防用設備等の技術基準を現行の規定に適合させる必要がある場合、消防法令上、防火対象物の増築又は改築の基準となる床面積の合計は、次のうちどれか。

1　　　500m² 以上
2　1,000m² 以上
3　1,500m² 以上
4　2,000m² 以上

問4

　消防法施行令別表第1に掲げる防火対象物で、消防法令上、消防用設備等又は特殊消防用設備等について点検を要しないものは、次のうちどれか。

1　推進機関を有する総トン数5トンの舟
2　料理店
3　百貨店
4　旅館

問5

　防火対象物の消防用設備等が技術上の基準に従って設置されていない場合に、必要な措置をなすべきことを命ずる者として、消防法令上、誤っているものは次のうちどれか。

1　都道府県知事
2　消防長
3　消防署長
4　消防本部を置かない市町村では当該市町村長

消防設備士免状に関して、消防法令上、正しいものは次のうちどれか。

1 　消防設備士免状は、交付を受けた都道府県以外では、居住地の都道府県知事に届け出なければ、全国的に有効とはならない。
2 　消防設備士免状の返納命令を受けたときは、30 日以内に消防設備士免状の再交付を申請しなければならない。
3 　消防設備士免状は、日本全国どこでも有効である。
4 　消防設備士免状を亡失すると、亡失した日から起算して 1 年間消防設備士の資格を失う。

消防関係法令（類別）

消火器具の設置を義務づけられている防火対象物として、消防法令上、誤っているものは次のうちどれか。

1 延べ面積が 150m² のスーパーマーケット
2 すべての旅館
3 延べ面積が 300m² の小学校
4 すべての映画館

木造建築物で延べ面積 1,500m² の大規模小売店舗に消火器具を設置する場合、必要とされる能力単位の数値として、正しいものは次のうちどれか。

1　　5
2　　10
3　　15
4　　20

消火器の点検について、設置場所、方法として、消防法令上、適当でないものは次のうちどれか。

1 各階の歩行距離は 10m 以下なので 2 階層に 1 本設けてある。
2 床面から 80cm の高さに設けてある。
3 泡消火器を、転倒しないように保護枠に入れてある。
4 換気上有効な開口部をもつ床面積 25m² の電気室に二酸化炭素消火器が置いてある。

大型消火器以外の消火器具の設置基準として、消防法令上、誤っているものは次のうちどれか。

1 変圧器室には、その床面積 100m² 以下ごとに 1 個の消火器を設ける。
2 ボイラー室には、その床面積 25m² 以下ごとに 1 個の消火器具を設ける。
3 指定可燃物を取り扱う場所の各部分から、それぞれその階の一の消火器具に至る歩行距離が 20m 以下となるように配置する。
4 指定可燃物を貯蔵する場所には、その貯蔵量を危険物の規制に関する政令別表第 4 に定める数量の 50 倍の数量で除して得た数以上の能力単位となるように消火器具を設ける。

機械に関する基礎的知識

問11

　下図のように右回りと左回りの力が働いて釣り合っているとき、右回りの力 f_1 の大きさは、次のうちどれか。

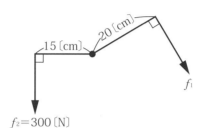

15〔cm〕　　20〔cm〕

f_1

$f_2 = 300$〔N〕

1　　150〔N〕
2　　200〔N〕
3　　225〔N〕
4　　250〔N〕

問12

　物体に外力を加えて元の長さ ℓ が ℓ_1 に伸びたとき、ひずみ（ ε ）を表す数式で、正しいものは次のうちどれか。

1　　$\varepsilon = \ell_1 - \ell$

2　　$\varepsilon = \dfrac{\ell_1}{\ell}$

3　　$\varepsilon = \ell - \dfrac{\ell_1}{\ell}$

4　　$\varepsilon = \dfrac{\ell_1 - \ell}{\ell}$

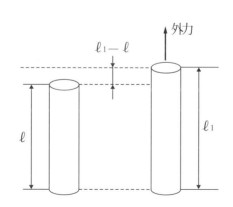

外力

$\ell_1 - \ell$

ℓ

ℓ_1

問13

断面正方形（25mm²）の角鋼で安全率を3とした場合に、最大強さが600〔N/mm²〕であるとき、この角鋼の許容応力は、次のうちどれか。

1 100〔N/mm²〕
2 200〔N/mm²〕
3 300〔N/mm²〕
4 600〔N/mm²〕

問14

水平面上に置かれた物体の接触面に生ずる摩擦について、誤っているものは次のうちどれか。

1 最大摩擦力は、接触面積の大小とは無関係である。
2 最大摩擦力は、物体の重量に正比例する。
3 最大摩擦力は、接触面積に正比例する。
4 摩擦係数は、接触面の材質、性質、状態等によって決まる係数であり、一定値である。

問15

鉄鋼材料でないものは、次のうちどれか。

1 黄銅
2 炭素鋼
3 ステンレス鋼
4 鋳鉄

構造・機能及び整備の方法（機械）

問 16

指示圧力計について、正しいものは次のうちどれか。

1 　強化液の消火器には、銅合金製のブルドン管を使用する。
2 　ブルドン管の材質は、耐食性の良い SUS でなければならない。
3 　ブルドン管の材質、使用圧力範囲を表示すること。
4 　使用圧力の範囲を示す部分は、赤色とすること。

問 17

蓄圧式強化液消火器について、誤っているものは次のうちどれか。

1 　霧状放射による消火効果は、負触媒効果による抑制作用である。
2 　霧状放射による消火効果は、冷却のほか、負触媒効果による抑制、再燃防止の作用、希釈作用がある。
3 　使用温度範囲は、− 20℃〜 40℃である。
4 　指示圧力計は、下限が 0.7MPa 上限が 0.98MPa である。

問 18

手さげ式機械泡消火器について、誤っているものは次のうちどれか。

1 　機械泡消火器は放射時にノズルで空気を吸入して泡を発生する。
2 　放射圧は、化学反応による CO_2 のガス圧である。
3 　消火効果は窒息作用と水による冷却作用である。
4 　指示圧力計が設けられている。

第5回

[筆記]

消火器の部品について、粉末消火器と関係ないものは次のうちどれか。

1　粉上り防止用封板
2　ガス導入管
3　ろ過網
4　逆流防止装置

　機器点検のうち、消火器の内部及び機能に関する点検について、誤っているものは次のうちどれか。

1　すべての消火器は設置後3年を経過したものについて行う。
2　化学泡消火器は設置後1年を経過したものについて行う。
3　蓄圧式強化液消火器は製造年から5年を経過したものについて行う。
4　加圧式粉末消火器は製造年から3年を経過したものについて行う。

　蓄圧式消火器の指示圧力計の読みと点検について、誤っているものは次のうちどれか。

1　指針が緑色の範囲を外れているものは何らかの異常があると考えられるので消火器の内部及び機能に係る項目の点検を行う。
2　指針が緑色の上限より上がっているものは精度を点検し、異常がなければ圧力調整を行う。
3　指針が緑色の下限より下がっていて使用していないものは気密試験を行う。
4　使用していないのに目盛りが0のものは、すぐにキャップを外す。

蓄圧式消火器の分解について、誤っているものは次のうちどれか。

1 排圧栓のあるものは、これを徐々に開いて内圧を排圧する。
2 排圧栓のないものは、キャップをあける。
3 排圧しながら指示圧力計が円滑に0に戻るか確認する。
4 排圧後キャップを開け、バルブ、レバーの部分を取り外す。

問 23

粉末消火器の点検について、適当でないものは次のうちどれか。

1 キャップを外し、薬剤が固化していないかどうかをなるべく頻繁に検査する。
2 安全封印が切れていないことを確認する。
3 キャップが容器に緊結されていることを確認する。
4 レバーの作動が円滑であることを確認する。

問 24

消火器の維持管理について、誤っているものは次のうちどれか。

1 化学泡消火薬剤は、専用のバケツ等で溶解した後、充てんする。
2 合成樹脂の部分の清掃には、ベンジン等の有機溶剤を使用しない。
3 粉末消火器は、ホースやノズル内を除湿した圧縮空気などでクリーニングする。
4 化学泡消火器の内筒は、容器を腐食するおそれがないので水洗は必要としない。

構造・機能及び整備の方法（規格）

問 25

能力単位の表示と消火器の説明の組合せとして、規格省令上、正しいものは次のうちどれか。

	表示	説明
1	A － 0.5　B － 6	普通火災……小型　油火災……小型
2	A － 2　　B － 6　C	普通火災……小型　油火災……小型　電気火災に適する
3	A － 12　B － 24	普通火災……小型　油火災……大型
4	A － 8　　　B － 24	普通火災……大型　油火災……大型

問 26

消火器本体に設ける円形の表示について、規格省令上、誤っているものは次のうちどれか。

1　適応火災に対応して円形の絵表示が決められている。
2　円の大きさは、特に定められていない。
3　普通火災は、白色の円形で赤色の炎と黒色の可燃物が絵表示されている。
4　電気火災は、青色の円形で黄色の閃光が絵表示されている。

消火器の装置等について、規格省令上、正しいものは次のうちどれか。

1　手さげ式の消火器（指示圧力計のある蓄圧式消火器、バルブを有しない消火器及び手動ポンプにより作動する水消火器を除く。）には、使用した場合、自動的に作動し使用済であることが判別できる装置を設けること。
2　泡消火器には、泡剤が放出した旨が判別できる装置を設けること。
3　消火器本体は使用した薬剤の量が分かるようにガラス等で透明にしたゲージを設けること。
4　指示圧力計が設けられて残りの量の分かる強化液消火器にも、使用した旨が判別できる装置を設けること。

ホース及びノズルに関する規定について、規格省令上、誤っているものは次のうちどれか。

1　消火器には必ずホースを設けなければならない。
2　ホースは消火薬剤を有効に放射できる長さであること。
3　手さげ式の消火器のノズルは、開閉式、切替式にはできない。
4　ホース、ノズルは本体容器と同等の圧力に耐え、漏れを生ぜず、著しい変形を生じないこと。

第5回

[筆記]

問29

安全栓について、規格省令上、誤っているものは次のうちどれか。

1 消火器には、手動ポンプ式及び転倒の1動作で作動するものを除いて安全栓を設けること。
2 内径2cm以上のリング部、軸部及び軸受部から構成されていること。
3 安全栓は、1動作で容易に引き抜くことができ、かつ、引抜きに支障のない封が施されていること。
4 上方向又は横方向に引き抜くよう装着されていること。（押し金具によるものは除く。）

問30

消火器のキャップ、プラグ及び口金について、規格省令上、誤っているものは次のうちどれか。

1 キャップ又はプラグ及び口金は、その間に容易にはずれないようにパッキンをはめこむこと。
2 キャップ又はプラグのかん合部分はパッキンをはめこんだ場合において、かん合が確実で規定の圧力に十分耐えるように口金にかみ合うこと。
3 キャップ若しくはプラグ又は口金には充てんその他の目的でキャップ又はプラグをはずす途中において、本体容器内の圧力を完全に保つことができるように有効な加圧孔を設けること。
4 キャップ又はプラグは、耐圧試験を行った場合において漏れを生ぜず、かつ、著しい変形を生じないこと。

鑑別等

問1

　下の図は、消火器の構造図を示したものである。次の各設問に答えなさい。

1　消火器の名称は何か答えなさい。
2　加圧方式は何か答えなさい。
3　矢印で示した部品の名称は何か答えなさい。

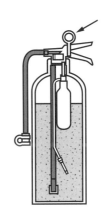

解答欄

1	
2	
3	

第5回

[実技]

問2

下の写真は、消火器を示したものである。次の各設問に答えなさい。

1　点線で囲まれた部品の名称を答えなさい。
2　点線で囲まれた部品の使用目的を答えなさい。

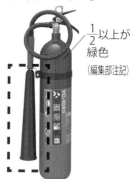

$\frac{1}{2}$以上が緑色
(編集部注記)

解答欄

1	
2	

問3

下の図は、消火器の部品を示したものである。次の各設問に答えなさい。

1　この部品の名称は何か答えなさい。
2　矢印で示された部分の範囲として妥当なものを、語群から選び番号で答えなさい。

〈語群〉

①　0.3MPa 〜 0.75MPa
②　0.7MPa 〜 0.98MPa
③　0.8MPa 〜 1.0MPa
④　1.0MPa 〜 1.2MPa

3 この部品が使用されている消火器は、「加圧式」又は「蓄圧式」のどちらの方式か答えなさい。

解答欄

1	
2	
3	

問4

下の図の袋に封入されている消火薬剤について、次の各設問に答えなさい。

淡紅色系の消火薬剤

表示

検

検定合格印

1 この袋に入っている消火薬剤は何の消火器に使用するものか答えなさい。
2 この袋に入っている消火薬剤の適応火災を答えなさい。
3 この袋の消火薬剤に関する使用上の留意事項は何か答えなさい。

第5回 [実技]

解答欄

1	
2	
3	

排圧作業について、次の各設問に答えなさい。

1 排圧作業を行う目的を答えなさい。
2 ガス加圧式消火器（開閉バルブ式）における排圧作業の手順を答えなさい。
3 蓄圧式消火器における排圧作業の手順を答えなさい。
4 **2**の作業上の留意点を1つ答えなさい。
5 **3**の作業上の留意点を1つ答えなさい。

解答欄

1	
2	
3	
4	
5	

第6回

消防設備士試験 6 類問題

	試 験 科 目		問題数
筆 記	消防関係法令	法令共通	6 問
		法令類別	4 問
	基礎的知識	機 械	5 問
	構造・機能等	機 械	9 問
		規 格	6 問
	合 計		30 問
実 技	鑑別等		5 問
	合 計		5 問

［解答時間］
　　1 時間 45 分

※筆記の解答は、111 ページにある解答カード（解答用紙）に
　記入しましょう。解答カードはコピーして利用しましょう。
※実技は、問題用紙に解答欄がありますので、直接記入するか、
　別紙に書き出してください。

消防関係法令（共通）

問1

消防長等の権限について、消防法令上、正しいものは次のうちどれか。

1　火災予防のために必要があるときは、消防署長は消防団員を関係のある場所にいつでも立ち入らせ、防火対象物の設備を検査させることができる。
2　火災予防上必要があるときは、消防署長は関係者の承認を得ることなくあらゆる場所に立ち入って関係者に質問することができる。
3　消防署長は、火災予防のために必要があるときは関係者に対して、資料の提出を命ずることができる。
4　消防本部を置かない市町村の長は、防火対象物の管理の状況について火災の予防上必要があると認めたときは、他の法令に優先して、防火対象物の使用禁止を命ずることができる。

問2

指定数量の40倍の危険物を貯蔵し、又は取り扱う施設の場合、消火器の能力単位の合計数値として、正しいものは次のうちどれか。

1　1以上
2　2以上
3　3以上
4　4以上

問3

防火対象物の取扱いに関する記述として、消防法令上、正しいものは次のうちどれか。

1 複合用途防火対象物は、一般住宅部分を含めて全体を一の防火対象物とみなされる。
2 一般住宅部分が存する防火対象物は、複合用途防火対象物とみなして消防法第 17 条の規定が適用される。
3 開口部のない耐火構造の床又は壁で区画されているときは、その区画された部分は、それぞれ別の防火対象物とみなされる。
4 事務所ビルの地階が、地下街と一体となっている使用形態のものは、地下街の一部分としてみなされる。

問4

消防法令上、消防用設備等の設置工事が完了した場合に検査を受けなくてもよい防火対象物は、次のうちどれか。

1 延べ面積が 300m² の劇場
2 延べ面積が 400m² の飲食店
3 延べ面積が 200m² の共同住宅
4 延べ面積が 500m² のホテル

問5

消防設備士の免状や義務について、消防法令上、誤っているものは次のうちどれか。

1 甲種消防設備士が工事着工の届出を怠った場合、拘留又は 30 万円以下の罰金が科せられる。
2 消防法令違反により免状返納を命ぜられ、その日から 1 年未満に試験を受け合格しても免状は交付されない。
3 消防設備士免状を紛失し、再交付をした後に免状が出てきた場合は、10 日以内に返納する。
4 免状の記載事項に変更が生じた場合、免状の交付を受けた都道府県知事でなければ書換えはできない。

消防法で定める「型式承認」と「型式適合検定」との関係について、消防法令上、正しいものは次のうちどれか。

1 型式承認を受けず、型式適合検定に合格しなくても、検定対象機械器具等を販売することまでは禁止されていない。
2 型式承認を受けていれば、型式適合検定に合格しなくても、販売することはできる。
3 型式承認を受けていなくても、型式適合検定に合格していれば、検定に合格した旨の表示を付して販売することができる。
4 型式承認を受けていても、型式適合検定に合格しなければ、検定対象機械器具等の販売のための陳列もできない。

消防関係法令（類別）

問 7

大型消火器以外の消火器具を設置する方法として、消防法令上、誤っているものは次のうちどれか。

1 変圧器等の電気設備のある場所は、床面積 200m² 以下ごとに 1 個の消火器を設ける。
2 指定可燃物を貯蔵している場所は、貯蔵されている指定可燃物の数量を、危令別表第 4 で定める数量の 50 倍の数量で除して得た数以上の能力単位となるように配置する。
3 少量危険物を取り扱う場所の各部分から、それぞれ一の消火器具に至る歩行距離が 20m 以下となるように配置する。
4 ボイラー室は、その床面積を 25m² で除して得た数以上の能力単位となるように配置する。

問8

電気設備がある場所に設置する消火器として、誤っているものは次のうちどれか。

1 霧状の強化液を放射する消火器
2 泡を放射する消火器
3 ハロゲン化物を放射する消火器
4 二酸化炭素を放射する消火器

問9

消火器具の設置・維持に関する技術上の基準として、消防法令上、誤っているものは次のうちどれか。

1 小型消火器は、歩行距離 20m 以下に配置する。
2 標識は、床面からの高さが 1.7m 以下の場所に設ける。
3 二酸化炭素消火器は、消防法令で定める地階、無窓階には設けない。
4 乾燥砂を設置した場所には、「消火砂」の標識を設ける。

問10

消火器具の設置個数を減ずる条件に該当しない消火設備は、次のうちどれか。

1 屋外消火栓設備
2 屋内消火栓設備
3 スプリンクラー設備
4 不活性ガス消火設備

問11

消火器に加わる荷重について、正しいものは次のうちどれか。

1　蓄圧式消火器本体には、主に引張荷重が加わっている。
2　蓄圧式消火器本体には、主に圧縮荷重が加わっている。
3　蓄圧式消火器本体には、主に曲げ荷重が加わっている。
4　蓄圧式消火器本体には、主にねじり荷重が加わっている。

問12

　下の図は、ある材料の伸びと荷重の関係を示したものである。下の文で、誤っているものはどれか。

1　A点は比例限度である。
2　B点は弾性限度である。
3　E点は上降伏点である。
4　F点は破壊点である。

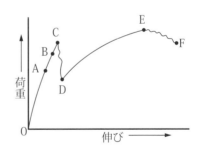

問13

仕事率の説明として、正しいものは次のうちどれか。

1 　仕事率は、1時間当たりの進む距離である。
2 　仕事率は、単位時間当たりの仕事量である。
3 　仕事率は、1gの水を1m上げるのに要する力である。
4 　仕事率は、単位容積当たりの水の温度を1℃上げるのに必要な熱量である。

問14

気体の圧力が2倍、絶対温度が4倍になったときは、ボイル・シャルルの法則によれば、この気体の体積は何倍になるか。

1 　$\dfrac{1}{4}$倍
2 　$\dfrac{1}{2}$倍
3 　2倍
4 　4倍

問15

炭素鋼の焼入れの目的について、正しいものは次のうちどれか。

1 　粘りを増すために行う。
2 　硬さを増すために行う。
3 　安定性を増すために行う。
4 　ひずみを除去するために行う。

▶▶ 正解・解説　別冊2 P.116〜P.119

第6回

[筆記]

構造・機能及び整備の方法（機械）

問 16

蓄圧式の消火器の指示圧力計について、正しいものは次のうちどれか。

1　機械泡消火器にはすべて必要である。
2　すべての消火器につけなければならない。
3　強化液消火器には必要ない。
4　二酸化炭素消火器には必要ない。

問 17

水消火器について、誤っているものは次のうちどれか。

1　加圧方式は、蓄圧式及び加圧式に大別されるが、現在、加圧式は製造されていない。
2　蓄圧式の消火器には、指示圧力計が設けられている。
3　蓄圧式水消火器の圧縮ガスは、窒素ガス又は圧縮空気である。
4　水消火器は、燃焼面を覆って窒息作用により消火する。

問 18

手さげ式機械泡消火器のノズルについて、正しいものは次のうちどれか。

1　ノズルは伸縮する。
2　ノズルは密閉されている。
3　ノズルは開閉式である。
4　ノズルから放射される際に空気を吸入し、発泡させる。

粉末消火器の附属品について、誤っているものは次のうちどれか。

1 排圧栓を必ず設ける。
2 ガス導入管は、加圧ガスを本体容器の下部まで導き、加圧用ガスを噴出し、噴出されたガスにより粉末薬剤をときほぐし、加圧・放射する。
3 粉上り防止用封板は、使用時以外に本体内の粉末消火薬剤がサイホン管に流入するのを防いでいる。
4 逆流防止装置は、本体内の粉末消火薬剤がガス導入管に逆流するのを防いでいる。

問 20

消火器の機器点検について、誤っているものは次のうちどれか。

1 機器点検のうち、消火器の外形の確認については設置してある消火器の種類に応じて抜取り方式にて6か月に1回以上行う。
2 機器点検のうち消火器の外形点検の結果、欠陥が発見されたものは、消火器の内部及び機能の項目について点検を行う。
3 機器点検の結果、部品の交換、消火薬剤の詰替えの必要のあるものは、整備に移行する。
4 機器点検の結果使用不可能なもの、著しい腐食のあるものは新しいものと交換したうえ廃棄する。

問 21

機器点検のうち、消火器の内部及び機能に係る点検時の抜取り試料の組み合わせ方法について、誤っているものは次のうちどれか。

1 同一メーカーのものは必ず同一ロットとする。
2 種別（大型、小型）、器種（消火器の種類）、加圧方式（加圧・蓄圧の別）の同じものを同一ロットとする。
3 同一点検ロットの数に応じて抜取り試料を決める。
4 加圧式粉末消火器は、製造年から3年を超え8年以下のものと8年を超えるものは別のロットとする。

第6回

[筆記]

蓄圧式消火器の点検時の留意事項で、誤っているものは次のうちどれか。

1 排圧栓をあけ、内圧を徐々に抜く。
2 排圧栓のないものは立てた状態で内圧を抜く。
3 キャップは専用のキャップスパナを用いて緩める。
4 キャップを外す時はクランプ台で本体を固定する。

化学泡消火器の整備について、誤っているものは次のうちどれか。

1 パッキン等は損傷しやすいので、損傷等を発見したら交換する。
2 消火薬剤が変色、異臭を発している場合は、消火薬剤の交換を行う。
3 容器内面の防食塗料がはく離している場合は、廃棄する。
4 泡消火薬剤の水溶液を作る場合は、消火薬剤に水を少しずつ加え溶かす。

粉末消火器の消火薬剤の充てんについて、誤っているものは次のうちどれか。

1 粉上り防止用封板、逆流防止装置は元通りはめ込む。
2 安全栓を装着する。
3 加圧用ガス容器を取り付ける。
4 充てんされた消火薬剤が容器内で沈下し、落ち着いてからサイホン管を差し込む。

構造・機能及び整備の方法（規格）

問 25

消火器の加圧方式の説明について、正しいものは次のうちどれか。

1　二酸化炭素消火器は、蓄圧式のみである。
2　泡消火器は、反応式のみである。
3　強化液消火器は、蓄圧式のみである。
4　粉末消火器は、加圧式のみである。

問 26

消火器の表面に表示すべき事項で、必ずしも表示しなくてもよいのは、次のうちどれか。

1　試験圧力値
2　使用温度範囲
3　放射距離
4　ホースの有効長

問 27

消火器の外面の塗色について、誤っているものは次のうちどれか。

1　粉末消火器 ………………… 全部赤く塗色
2　二酸化炭素消火器 ……… 50％を赤、50％を緑に塗色
3　泡消火器 …………………… 10％を赤、残りを黄色に塗色
4　機械泡消火器 …………… 全部赤く塗色

問 28

手さげ式消火器の操作方法の説明について、誤っているものは次のうちどれか。

1 　泡消火器 ……………………「ひっくりかえす」方式でもよい。
2 　二酸化炭素消火器 ………「レバーを握る」又は「押し金具をたたく」
3 　強化液消火器 ……………「レバーを握る」又は「押し金具をたたく」
4 　粉末消火器 …………………「レバーを握る」方式のみである。

問 29

消火器のノズルに関する規定について、誤っているものは次のうちどれか。

1 　ノズル内面は、平滑に仕上げられていなければならない。
2 　ノズルの材質にプラスチックを用いてはならない。
3 　背負式は、開閉式のノズルを設けてよい。
4 　車載式には、開閉式及び切替式のノズルを設けてよい。

問 30

手さげ式の消火器の安全栓について、誤っているものは次のうちどれか。

1 　手さげ式の消火器には、すべて安全栓を設けなければならない。
2 　ふたをあけて転倒させる動作で作動する消火器に設ける安全栓は、リング部を上方向に引き抜く構造のものでなくてもよい。
3 　押し金具をたたく1動作で作動する消火器に設ける安全栓は、リング部を上向きに引き抜く構造のものでなくてもよい。
4 　転倒の1動作で作動する消火器には、安全栓を設けなくてもよい。

鑑別等

問1

下の図は、消火器の構造図を示したものである。次の各設問に答えなさい。

1　名称を答えなさい。
2　使用方法を答えなさい。
3　適応火災を答えなさい。
4　維持管理上の注意事項を答えなさい。

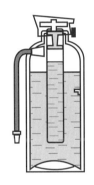

解答欄

1	
2	
3	
4	

問2

　安全弁、ろ過網、内筒ふたについて、次の各設問に答えなさい。

1　各部品の目的を答えなさい。
2　これらの部品が使用されている消火器の名称を答えなさい。
3　これらの部品が使用されている消火器の操作方法を答えなさい。
4　これらの部品が使用されている消火器の適応火災を答えなさい。

解答欄

1	安全弁	
	ろ過網	
	内筒ふた	
2		
3		
4		

問3

　下の図は、消火器の部品を示したものである。次の各設問に答えなさい。

1　名称を答えなさい。
2　目的を答えなさい。

解答欄

1	
2	

消火器に下記のように表示されている場合、次の各設問に答えなさい。

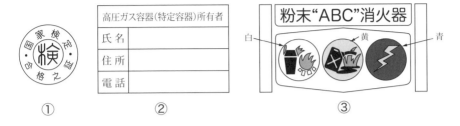

① ② ③

1　①の表示の意味は何か答えなさい。
2　①の表示はどこにされているか答えなさい。
3　②の表示の意味は何か答えなさい。
4　②の表示がされている消火器の名称を1つ答えなさい。
5　③の丸い表示の意味は何か答えなさい。

解答欄

1	
2	
3	
4	
5	

下の写真の器具について、次の各設問に答えなさい。

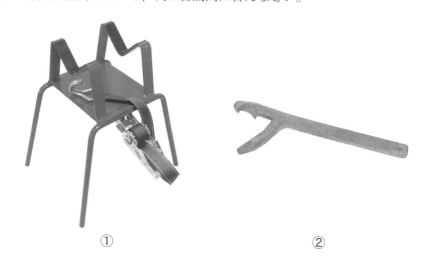

①   ②

1 ①、②の器具の名称を答えなさい。
2 ①、②の器具の目的を答えなさい。
3 ①、②の器具の組合せで考えられる作業を1つ答えなさい。
4 3の作業上の留意点を1つ答えなさい。

解答欄

1	①	
	②	
2	①	
	②	
3		
4		

◆ 解答カードは 141％に拡大コピーしてお使いください。

第 1 回　[筆記]　解答カード

正解一覧
別冊 2 P.134

設解答カード

乙四・五・六・七

試　験　日
月　　日

受　験　地

氏　　名

試験種類	受験番号
第 4 類	
第 5 類	
第 6 類	
第 7 類	

	問1	問2	問3	問4	問5	問6	問7	問8	問9	問10
消防関係法令										
	法令共通						法令類別			

	問11	問12	問13	問14	問15
基礎的知識					
	機械又は電気				

	問16	問17	問18	問19	問20	問21	問22	問23	問24	問25	問26	問27	問28	問29	問30
構造機能等															
	機械又は電気									規　格					

6 類 [筆記] 合格基準

試験科目	正解数	合格基準
消防関係法令	問	4問/10問
基礎的知識	問	2問/ 5問
構造・機能等	問	6問/15問
合　計	問	18問/30問

※筆記試験は、各試験科目において
40％以上、全体の出題数の60％以上
が合格基準となります。

第 2 回　[筆記]　解答カード

正解一覧
別冊 2 P.134

設解答カード

乙四・五・六・七

試　験　日
月　　日

受　験　地

氏　　名

試験種類	受験番号
第 4 類	
第 5 類	
第 6 類	
第 7 類	

	問1	問2	問3	問4	問5	問6	問7	問8	問9	問10
消防関係法令										
	法令共通						法令類別			

	問11	問12	問13	問14	問15
基礎的知識					
	機械又は電気				

	問16	問17	問18	問19	問20	問21	問22	問23	問24	問25	問26	問27	問28	問29	問30
構造機能等															
	機械又は電気									規　格					

6 類 [筆記] 合格基準

試験科目	正解数	合格基準
消防関係法令	問	4問/10問
基礎的知識	問	2問/ 5問
構造・機能等	問	6問/15問
合　計	問	18問/30問

※筆記試験は、各試験科目において
40％以上、全体の出題数の60％以上
が合格基準となります。

◆ 解答カードは141％に拡大コピーしてお使いください。

第3回　［筆記］　解答カード

正解一覧
別冊2 P.135

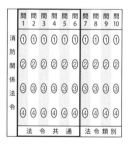

6類［筆記］合格基準

試験科目	正解数	合格基準
消防関係法令	問	4問/10問
基礎的知識	問	2問/ 5問
構造・機能等	問	6問/15問
合　計	問	18問/30問

※筆記試験は、各試験科目において
40％以上、全体の出題数の60％以上
が合格基準となります。

第4回　［筆記］　解答カード

正解一覧
別冊2 P.135

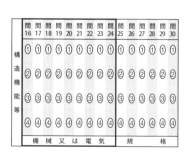

6類［筆記］合格基準

試験科目	正解数	合格基準
消防関係法令	問	4問/10問
基礎的知識	問	2問/ 5問
構造・機能等	問	6問/15問
合　計	問	18問/30問

※筆記試験は、各試験科目において
40％以上、全体の出題数の60％以上
が合格基準となります。

◆ 解答カードは 141%に拡大コピーしてお使いください。

第5回 ［筆記］ 解答カード

正解一覧
別冊2 P.136

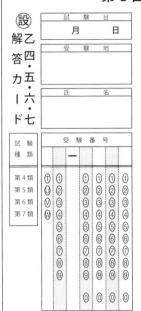

試　験　日
月　　日

受　験　地

氏　　名

試験種類　受験番号

第4類　第5類　第6類　第7類

| 問1 | 問2 | 問3 | 問4 | 問5 | 問6 | 問7 | 問8 | 問9 | 問10 |

消防関係法令

法令共通　法令類別

| 問11 | 問12 | 問13 | 問14 | 問15 |

基礎的知識

機械又は電気

| 問16 | 問17 | 問18 | 問19 | 問20 | 問21 | 問22 | 問23 | 問24 | 問25 | 問26 | 問27 | 問28 | 問29 | 問30 |

構造機能等

機械又は電気　　規格

6類 ［筆記］合格基準

試験科目	正解数	合格基準
消防関係法令	問	4問/10問
基礎的知識	問	2問/5問
構造・機能等	問	6問/15問
合　計	問	18問/30問

※筆記試験は、各試験科目において40％以上、全体の出題数の60％以上が合格基準となります。

第6回 ［筆記］ 解答カード

正解一覧
別冊2 P.136

試　験　日
月　　日

受　験　地

氏　　名

試験種類　受験番号

第4類　第5類　第6類　第7類

| 問1 | 問2 | 問3 | 問4 | 問5 | 問6 | 問7 | 問8 | 問9 | 問10 |

消防関係法令

法令共通　法令類別

| 問11 | 問12 | 問13 | 問14 | 問15 |

基礎的知識

機械又は電気

| 問16 | 問17 | 問18 | 問19 | 問20 | 問21 | 問22 | 問23 | 問24 | 問25 | 問26 | 問27 | 問28 | 問29 | 問30 |

構造機能等

機械又は電気　　規格

6類 ［筆記］合格基準

試験科目	正解数	合格基準
消防関係法令	問	4問/10問
基礎的知識	問	2問/5問
構造・機能等	問	6問/15問
合　計	問	18問/30問

※筆記試験は、各試験科目において40％以上、全体の出題数の60％以上が合格基準となります。

本書に関する正誤等の最新情報は、下記のアドレスでご確認ください。

http://www.s-henshu.info/sb6hs2304/

上記掲載以外の箇所で正誤についてお気づきの場合は、**書名・発行日・質問事項（該当ページ・行数・問題番号**などと**誤りだと思う理由）・氏名・連絡先**を明記のうえ、お問い合わせください。
・web からのお問い合わせ：上記アドレス内【正誤情報】へ
・郵便または FAX でのお問い合わせ：下記住所または FAX 番号へ
※電話でのお問い合わせはお受けできません。

［宛先］　コンデックス情報研究所
　　　　　『**本試験型 消防設備士6類 問題集**』係
　　住所　　：〒 359-0042　所沢市並木 3-1-9
　　FAX 番号：04-2995-4362　（10:00 ～ 17:00　土日祝日を除く）

※本書の正誤以外に関するご質問にはお答えいたしかねます。また受験指導などは行っておりません。
※ご質問の受付期限は、各試験日の 10 日前必着といたします。
※回答日時の指定はできません。また、ご質問の内容によっては回答まで 10 日前後お時間をいただく場合があります。
あらかじめご了承ください。

■**監修：北里敏明**（きたざと としあき）
　　弁護士。昭和 47 年東京大学法学部卒業、同年司法試験合格。昭和 48 年自治省に入る。昭和 53 年ハーバードロースクール入学、昭和 55 年修士（LLM）課程修了。京都市副市長、自治省大臣官房企画室長、公営企業等担当審議官、内閣府防災担当審議官などを経て、平成 14 年消防庁次長に就任。平成 15 年総務省を退官し、横浜国立大学客員教授、立命館大学非常勤講師を歴任。平成 18 年北里敏明法律事務所を開設。平成 26 年弁護士法人北里綜合法律事務所を設立。

■**編著：コンデックス情報研究所**
　　1990 年 6 月設立。法律・福祉・技術・教育分野において、書籍の企画・執筆・編集、大学および通信教育機関との共同教材開発を行っている研究者・実務家・編集者のグループ。

■**イラスト：ひらのんさ**

本試験型 消防設備士6類問題集

2023年 7 月20日発行

監　修　北里敏明

編　著　コンデックス情報研究所

発行者　深見公子

発行所　成美堂出版
　　　　　〒162-8445　東京都新宿区新小川町 1-7
　　　　　電話(03)5206-8151　FAX(03)5206-8159

印　刷　広研印刷株式会社

本試験型 消防設備士6類問題集

別冊2

正解・解説

成美堂出版

本試験型
消防設備士6類問題集
正解・解説

目　次

消防関係法令（共通）

問1 ▶▶正解 4

消防法令上の用語に関する問題である。

消防法令上、「関係者」とは、所有者、管理者又は**占有者**をいう。（**法第2条第4項**）

◆関係者の区分

所有者	その財産を**自己所有**として支配し、自由に使用、収益、処分できる者
管理者	他人の財産につき、その利用、改良又は保有等を行うことができる立場にある者
占有者	現にその財産を**自己のために**する意思で支配している者

問2 ▶▶正解 3

消防用設備等に関する問題である。

1 × 消防の用に供する設備、**消防用水**、消火活動上必要な施設を消防用設備等という。（**法第17条第1項**）
2 × 戸建て一般住宅に消防用設備等の**設置義務はない**。（**令第6条**）
3 ○ 法第17条第1項により、政令で定める防火対象物の関係者は、政令で定める技術上の基準に従って、消防用設備等を**設置**し、**維持**しなければならない。
4 × 特定用途防火対象物**以外**も設置対象となる。（**令第6条**）

問 3 ▶▶ 正解 2

消火活動上必要な施設に関する問題である。

1 × 防火水槽は、**消防用水**に含まれる。(**令第 7 条第 5 項**)
2 ○ 消火活動上必要な施設には、**排煙設備**、連結散水設備、連結送水管、非常コンセント設備、無線通信補助設備が該当する。(**令第 7 条第 6 項**)
3 × 動力消防ポンプは、消防の用に供する設備の**消火設備**に含まれる。(**令第 7 条第 2 項第十号**)
4 × 屋外消火栓設備は、消防の用に供する設備の**消火設備**に含まれる。(**令第 7 条第 2 項第九号**)

問 4 ▶▶ 正解 3

消防用設備等の点検及び報告に関する問題である。

1 × 点検結果の報告義務は物件の**関係者**にある。(**法第 17 条の 3 の 3**)
点検を行った消防設備士に報告義務はない。
2 × 用途により 1 年又は 3 年に 1 回、**定期に**、点検の結果を消防長又は消防署長に報告しなければならない。(**法第 17 条の 3 の 3、則第 31 条の 6**)
3 ○ 法第 17 条により設置された消防用設備等は、**定期に**点検を行わなければない。(**法第 17 条の 3 の 3**)
4 × 倉庫は**特定防火対象物**に該当しないため、1,000m² 以上であっても**点検者の資格**は問われない。(**法第 17 条の 3 の 3、令第 36 条**)

◆定期点検を行う防火対象物

①防火対象物の関係者は、消防用設備等又は特殊消防用設備等を**定期的**に点検し、その結果を消防長（市町村長）又は消防署長に報告しなければならない。(**法 17 条の 3 の 3**)
②点検を必要としない防火対象物は、**舟車**（(20) 項）である。(**令第 36 条第 1 項**)
③消防設備士又は消防設備点検資格者による点検が必要な防火対象物は、延べ面積 1,000m² 以上の特定防火対象物、延べ面積 1,000m² 以上の非特定防火対象物で消防長（市町村長）又は消防署長が**指定**するもの、特定 1 階段等防火対象物及び全域放出方式の**二酸化炭素消火設備**が設けられている防火対象物である。(**令第 36 条第 2 項**)

▶▶ 別冊 1 6 頁「令別表第 1 と消火器の設置基準」参照

▶▶ 問題 本冊 P.10 〜 P.11

3

問5　　　　　▶▶正解 3

消防設備士の資格範囲に関する問題である。（**法第 17 条の 6、則第 33 条の 3**）

1　○　消防用設備等の新設は**工事**に該当し、**甲種消防設備士**の資格が必要な場合がある。
2　○　消防用設備等の増設は**工事**に該当し、**甲種消防設備士**の資格が必要な場合がある。
3　×　消防用設備等の移設は**工事**に該当し、**甲種消防設備士**の資格が必要な場合がある。**乙種消防設備士**の資格で**工事**を行うことはできない。
4　○　消防用設備等の補修は**整備等**に該当し、**乙種消防設備士**の資格が必要な場合がある。

問6　　　　　▶▶正解 2

消防の用に供する機械器具等の検定に関する問題である。

1　○　「型式承認」とは、検定対象機械器具等の型式に係る形状等が総務省令で定める検定対象機械器具等に係る技術上の規格に**適合**している旨の承認をいう。（**法第 21 条の 2 第 2 項**）
2　×　型式適合検定は、**日本消防検定協会**又は総務大臣の登録機関が行う。（**法第 21 条の 8**）
3　○　検定対象機械器具等は検定合格を示す**ラベル**がない製品は販売し、又は販売の目的で陳列してはならない。（**法第 21 条の 2 第 4 項**）
4　○　自主表示機械器具等も検定対象機械器具等と同様、定められた規格の適合を示す**ラベル**がない製品の販売、設置等はできない。（**法第 21 条の 16 の 2**）

消防関係法令（類別）

問7 ▶▶**正解** 3

普通階で2階以下の場合、消火器具の設置が必要な防火対象物は、設置面積により、延べ面積に**関係ないもの**、延べ面積が **150m²** 以上、延べ面積 **300m²** 以上の3区分がある。(**令第10条第1項**)

1　×　共同住宅（(5) 項ロ）は、延べ面積が **150m²** 以上で消火器具の設置が必要になる。
2　×　神社（(11) 項）は、延べ面積が **300m²** 以上で消火器具の設置が必要になる。
　　　重要文化財は延べ面積に関係なく設置が必要となる。混同しないように注意。
3　○　飲食店（火気使用あり）（(3) 項ロ）は、延べ面積に**関係なく**設置が必要である。
4　×　物品販売店舗（(4) 項）は、延べ面積が **150m²** 以上で消火器具の設置が必要になる。

▶▶ 別冊1　6頁「令別表第1と消火器の設置基準」参照

問8 ▶▶**正解** 3

消火器具の設置場所と適応消火器に関する問題である。
二酸化炭素を放射する消火器は、電気室には適応するが、換気について有効な開口部の面積が床面積の 30 分の 1 以下で、かつ、当該床面積が 20 m² 以下の**地下階**、無窓階等には設置してはならない。(**令第 10 条第 2 項第一号、則第 11 条第 2 項**)

問9　　▶▶正解2

　消火設備と消火器具の設置基準の緩和に関する問題である。

　屋内消火栓設備、スプリンクラー設備、水噴霧消火設備、泡消火設備、不活性ガス消火設備、ハロゲン化物消火設備、粉末消火設備を所定の基準に従って設置した場合、その消火設備の適応性が設置すべき消火器具の適応性と同一であるときは、その有効範囲内に設置する消火器具の能力単位を3分の1とすることができる。**（令第10条第3項、則第8条）**

問10　　▶▶正解3

　大型消火器の設置に関する問題である。

　防火対象物に指定可燃物を危険物の規制に従って貯蔵し、大型消火器を設置する場合、防火対象物の階ごとに、指定可燃物を貯蔵する各部分から一の大型消火器に至る**歩行距離**が**30m**以下となるように設置しなければならない。**（則第7条第1項）**

●消火器の設置距離

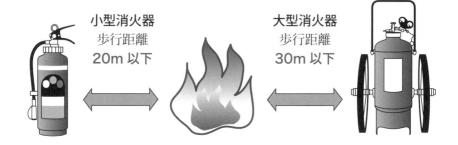

小型消火器　歩行距離　20m以下

大型消火器　歩行距離　30m以下

機械に関する基礎的知識

問 11 ▶▶**正解 2**

動滑車でのつり合う力に関する問題である。

動滑車では、滑車 1 台ごとに引く力は**半分**になるから、次式で求められる。

$$1,200 \div 2^3 = 150 \ [\text{N}]$$

問 12 ▶▶**正解 1**

せん断応力に関する問題である。

応力は、物体の断面に働く**単位面積当たりの力（荷重）**をいうから、せん断応力を求める式は、次のとおりである。

せん断応力＝**せん断荷重÷断面積**

問 13 ▶▶**正解 2**

アルミニウムの性質に関する問題である。

1 ○ アルミニウムは比重が 2.7 で、鉄の **3 分の 1** であり、したがって密度も **3 分の 1** である。
2 × アルミニウムは空気中で酸化すると緻密な皮膜をつくり、耐食性が**向上**する。
3 ○ アルミニウムは導電率が**高く**、電気の**良導体**である。
4 ○ アルミニウムは熱伝導率が**高く**、鉄の約 **3 倍**である。

炭素鋼の熱処理に関する問題である。

焼入れは、高温に加熱した後、水、油などに入れて**急冷**し、鋼の**硬さ**や**強さ**を増すために行う処理である。

鋼のひずみを取り除くために行うのは**焼ならし**である。

●鋼の熱処理

種　類	方　法	目　的
焼入れ	高温で加熱し、**急冷**する。	硬度・強さを増す。
焼戻し	焼入れした鋼を再加熱し、**徐々に**冷却する。	ねばりを持たせ、加工しやすくする。
焼なまし	一定時間高温で保持し、炉内で**徐々に**冷却する。	軟化させ、**内部ひずみを除去**する。
焼ならし	加熱後、大気中で**自然**冷却する。	ひずみを除去し、組織を均一化する。

ボイル・シャルルの法則に関する問題である。

●ボイル・シャルルの法則

	法　則	方程式
ボイルの法則	温度を一定にしたとき、体積は圧力に**反比例**する。	$P_1V_1 = P_2V_2 = $一定 P_1、P_2：圧力 V_1、V_2：体積
シャルルの法則	圧力を一定にしたとき、体積は絶対温度に**比例**する。	$V_1/T_1 = V_2/T_2 = $一定 V_1、V_2：体積 T_1、T_2：絶対温度
ボイル・シャルルの法則	気体の体積は圧力に**反比例**し絶対温度に比例する。 上記の2法則を1つの式で表したものである。	$P_1V_1/T_1 = P_2V_2/T_2 = $一定 P_1、P_2：圧力 V_1、V_2：体積 T_1、T_2：絶対温度

したがって、圧力を求める式は、$P = T / V$ となり、「気体の圧力は、絶対温度に**比例**し、体積に**反比例**する。」が正しい。

構造・機能及び整備の方法（機械）

問 16
▶▶正解 1

第 1 石油類（ガソリン等）に対する消火器の消火作用に関する問題である。

油火災（B 火災）には、**窒息作用**、**抑制作用**が効果的であり、引火点の低い第 1 石油類（ガソリン等）に対しては、水消火器の**冷却作用**による消火は困難である。

問 17
▶▶正解 4

二酸化炭素消火器に刻印されている記号に関する問題である。

1 ○ V は（Volume）を意味し、容器の**内容積**である。
2 ○ TP は（Test Pressure）を意味し、**耐圧試験圧力**である。
3 ○ FP は（Filling Pressure）を意味し、**最高充てん圧力**である。
4 × W は（Weight）を意味し、充てんガス量ではなく容器の**重量**である。

問 18
▶▶正解 3

蓄圧式強化液消火器の構造に関する問題である。

1 ○ 強化液消火薬剤は−20℃で凝固しないことが規格で定められている。消火器の使用温度範囲は **0℃～ 40℃**が最低の基準であるが、ほとんどの強化液消火器は−20℃からを使用範囲としている。
2 ○ 使用圧力範囲は **0.7 ～ 0.98 MPa** である。
3 × 液面を示す表示が必要な消火器は、**化学泡消火器**等である。
4 ○ 容器内には、強化液消火剤と共に**窒素ガス**が充てんされている。

機械泡消火器の構造・機能に関する問題である。

1　×　消火作用は、冷却作用と**窒息作用**である。
2　×　感電の危険性があるため、電気設備の消火には**適さない**。
3　○　ノズル部分で消火剤と**空気**が混ざり泡となる。
4　×　機械泡消火器には、蓄圧式のほかに、大型消火器に採用されている**ガス加圧式**もある。

問 20　　　　　　　　　　　　　▶▶正解 2

二酸化炭素消火器に関する問題である。
二酸化炭素消火器は、高圧で液化した二酸化炭素（液化炭酸ガス）を充てんした**蓄圧式**であり、**安全弁**の設置が義務付けられている。窒息性があるため、**地下街**、準地下街、換気に関して有効な開口部をもたない地階、無窓階等には設置してはならない。
指示圧力計は**蓄圧式**の消火器に設けられているが、**二酸化炭素消火器**、ハロン消火器には取り付けられていない。

問 21　　　　　　　　　　　　　▶▶正解 3

蓄圧式粉末消火器に関する問題である。

1　×　放射圧力源としては、一般的に**窒素**を用いる。
2　×　粉上り防止封板を必要とするのは、**加圧式**である。
3　○　**蓄圧式消火器には、指示圧力計を設ける。**
4　×　レバー式の開閉装置等により、薬剤の放射・放射停止を**繰り返す**ことができる。

問 22　　　　　　　　　　　　　▶▶正解 3

消火薬剤の充てんに関する問題である。

1　○　消火薬剤は、**バケツ**等で水に薬剤を溶かした後に充てんする。
2　○　蓄圧用のガスとして、主に**窒素**が用いられる。

3 × 安全栓のレバーへの取付けは、加圧用ガス容器を取り付ける**前**に行う。
4 ○ 粉末消火薬剤は、点検後、**新品**の粉末消火薬剤を充てんする。

問23

▶▶**正解** 2

消火器の内部及び機能の点検の対象となるものに関する問題である。

1 × 二酸化炭素消火器は、機能点検の対象から**除外**されている。
2 ○ 化学泡消火器は、設置後**1年**経過したものから対象となる。
3 × 蓄圧式消火器は、製造後**5年**を経過したものから対象となる。
4 × 蓄圧式消火器は、製造後**5年**を経過したものから対象となる。

●機器点検の実施項目

消火器の区分			確認項目	
加圧方式	器　種	対　　象	放射能力を除く項目	放射能力
加圧式	化学泡	設置後1年経過したもの	全数	全数の10%以上
	水	製造年から3年経過したもの		
	強化液			
	機械泡			
	粉末		抜取り試料数	抜取り数の50%以上
蓄圧式	水	製造年から5年経過したもの		
	強化液			
	機械泡			
	粉末			
	ハロゲン化物			
	二酸化炭素			
全器種	外形確認で欠陥があり、内部及び機能の確認を要するもの		全数（確認指示項目に欠陥のないものは、そのほかの項目は省略できる）	

問 24

消火薬剤の廃棄処理に関する問題である。

1 ○ 粉末消火薬剤は、**袋詰め**の後、**缶**に収めて処理をする。
2 ○ 二酸化炭素消火薬剤は、人体等に危害を生じない場所で少量ずつ**大気に放出**する。
3 ○ 強化液消火薬剤は、多量の水で**水素イオン濃度**を十分下げることが重要である。
4 × 化学泡消火薬剤は、内筒剤と外筒剤を**混合せず**に、それぞれ大量の水を流しながら処理をする。

●消火薬剤の廃棄処理

粉末消火薬剤	飛散しないよう**袋**に入れ、**缶**に入れて蓋をする。
二酸化炭素消火薬剤	保健衛生上危害を生じるおそれのない場所で少量ずつ**放出**し、揮発させる。
強化液消火薬剤	**水素イオン濃度**が高いので、多量の水で**希釈**し、水を流しながら放流する。
化学泡消火薬剤	外筒液と内筒液を**分離**して処理する。水で希釈しながら、別々に放流する。

構造・機能及び整備の方法（規格）

問 25　　　　　　　　　　　　　▶▶正解 4

化学泡消火器の使用温度範囲に関する問題である。

化学泡消火器の使用温度範囲は、**5℃以上 40℃以下**、化学泡消火器以外の消火器は、**0℃以上 40℃以下**と定められている。**(規第 10 条の 2)**

問 26　　　　　　　　　　　　　▶▶正解 3

消火器のホースに関する問題である。

ホースの長さは、「消火剤を有効に放射するに足るものであること。」と規定されており、据置式の消火器についてのみ、有効長が **10m 以上**であるもの」とされている。**(規第 15 条第 2 項第二号)**

したがって、据置式以外の消火器については、ホースの長さの**数値**は規定されていない。

問 27　　　　　　　　　　　　　▶▶正解 4

消火器の安全栓に関する問題である。**(規第 21 条)**

1　× リング部分の塗色は、**黄色**としなければならない。
2　× 安全栓は、**一動作**で簡単に引き抜くことができなければならない。
3　× リング部分の内径は、**2cm 以上**とする。
4　○ 安全栓は、**上方**に引き抜けるよう取り付けられていること。

消火器の指示圧力計に関する問題である。(**規第 28 条**)

指示圧力計は、二酸化炭素消火器とハロン 1301 消火器を除く**蓄圧式消火器**に必要となる。

1 × **二酸化炭素消火器**は蓄圧式であるが、指示圧力計はつけない。
2 × 加圧式の消火器にはすべて**必要がない**。
3 × 機械泡消火器には**蓄圧式**と加圧式があるため、必要なものもある。
4 ○ 二酸化炭素消火器には、すべて設ける**必要がない**。

問 29

▶▶**正解 4**

二酸化炭素消火器に充てんする液化二酸化炭素の充てん比に関する問題である。(**規第 35 条**)

液化二酸化炭素の充てん比は **1.5** 以上とされている。すなわち、1 kg の液化二酸化炭素を充てんする容器は、1,500cm³ 以上の容積が必要となる。

問 30

▶▶**正解 2**

消火器用消火薬剤に関する問題である。

1 × 消火薬剤には、**浸潤剤**、不凍剤その他消火薬剤の性能を高め、又は性状を改良するための薬剤を混和し、又は添加することができる。(**薬規第 8 条第 1 項**)
2 ○ 強化液消火薬剤の凝固点は− 20℃以下としなければならない。(**薬規第 3 条第 1 項第二号**)
3 × 泡消火薬剤は、**防腐処理**を施したものでなければならない。(**薬規第 4 条第 1 項第一号**)
4 × 粉末消火薬剤は、水面に均一に散布した場合において、**1 時間以内**に沈降しないこととされている。(**薬規第 7 条第 1 項第三号**)

～～～ 第1回 [実技] ～～～

鑑別等

問1

A 粉末消火器
　薬剤量：40 kg

B 粉末消火器
　薬剤量：20 kg

C 機械泡消火器
　薬剤量：20 L

D 二酸化炭素消火器
　薬剤量：23 kg

正解

1	A、B、C	2	D

　車載式消火器の鑑別問題である。

消火器の運搬方式の一つである車載式は、重量 **28kg** 以上の消火器に適用する。車載式＝**大型**消火器ではないことに注意。
　危険物施設に設置する第4種又は第5種の消火設備のうち、消火器については、第4種は**大型**消火器、第5種は**小型**消火器をいう。

▶▶ 問題　本冊 P.19 ～ P.21　15

●大型消火器の規格

能力単位	A 火災 10 以上又は B 火災 20 以上	
充てん薬剤量	水又は化学泡消火器	80 L 以上
	強化液消火器	60 L 以上
	機械泡消火器	20 L 以上
	二酸化炭素消火器	50kg 以上
	粉末消火器	20kg 以上

問 2

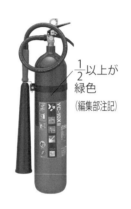

$\dfrac{1}{2}$ 以上が
緑色
(編集部注記)

正解

1	普通火災（A 火災）　　油火災（B 火災）　　電気火災（C 火災）
2	二酸化炭素
3	地階、無窓階
4	二酸化炭素消火器は窒息作用を主とする消火器であり、人的被害が発生する危険性のある場所には設置できない。

　二酸化炭素消火器に関する問題である。

1　二酸化炭素消火器は、**油火災（B 火災）**と**電気火災（C 火災）**に適応する。

2　二酸化炭素消火器に使用される消火薬剤は、**二酸化炭素（液化炭酸ガス）**である。

16

3 「この消火器は、消防法施行令別表第 1（16 の 2）項、（16 の 3）項に掲げる防火対象物並びに総務省令で定める**地階、無窓階**その他の場所に設置してはならない。」**（令第 10 条第 2 項第一号）**

4 二酸化炭素消火器は、**窒息作用**を主とする消火器であるため、地下街、準地下街、換気について有効な開口部の面積が床面積の **30 分の 1** 以下で、かつ、当該床面積が **20m²** 以下の地階、無窓階等、**人的被害**が発生する危険性がある場所には設置できない。

問 3

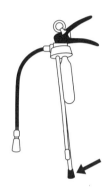

正解

1	イ
2	粉末消火薬剤のサイホン管への流入を防ぐ。

加圧式粉末消火器の部品に関する問題である。

1 **粉上り防止用封板**である。蓄圧式には不要のパーツである。
2 **粉上り防止用封板**は、粉末消火薬剤の**サイホン管への流入**を防ぐために設ける。また、外部からの**湿気の流入**を防ぐ目的もある。

問4

正解

点 検 項 目	点 検 結 果 消火器の種別 A	B	C	D	E	F	判定	不 良 内 容	措 置 内 容
機 器 点 検									
本・体内容筒器等 — 本 体 容 器	○								
内 筒 等									
液 面 表 示									
消薬火剤 — 性 状	○								
消 火 薬 剤 量	○								
加 圧 用 ガ ス 容 器	○								
カ ッ タ ー・押 し 金 具	○								
ホ ー ス	○								
開閉式ノズル・切替式ノズル									
指 示 圧 力 計									
使 用 済 み の 表 示 装 置	○								
圧 力 調 整 器									
安 全 弁・減 圧 孔（排圧栓を含む。）	○								
粉 上 り 防 止 用 封 板	○								
パ ッ キ ン	○								
サイホン管・ガス導入管	○								
ろ 過 網									
放 射 能 力	○								

　消火器具点検票の記入についての問題である。

　加圧式粉末消火器の場合、**加圧用ガス容器、使用済みの表示装置、粉上り防止用封板**に〇を付けることを忘れないようにする。
　指示圧力計は、蓄圧式の場合にのみ必要となる。

問 5

正解

1	圧力調整器
2	蓄圧ガス充てん時に、ガスボンベ（1 次側）の高圧ガスを消火器の内圧（2 次側）まで下げるために使用する。

　器具の名称と使用目的に関する問題である。

1、2 圧力調整器は、蓄圧ガスの充てん時にガスボンベに取り付け、**2 次側**圧力計が適正圧力を指したときに出口側バルブを開けて、蓄圧ガスを供給する。

　圧力調整器はまた、**エアーガン**と組み合わせて、蓄圧式粉末消火器内外の清掃や、サイホン管の通気試験にも使用される。

消防関係法令（共通）

問 1

▶▶ 正解 2

消防法令用語に関する問題である。（法第 2 条）

1 ○ 関係者とは、防火対象物又は消防対象物の**所有者**、**管理者又は占有者**をいう。（**法第 2 条第 4 項**）

◆関係者の区分

所有者	その財産を自己所有として支配し、自由に使用、収益、処分できる者
管理者	他人の財産につき、その利用、改良又は保有等を行うことができる立場にある者
占有者	現にその財産を自己のためにする意思で支配している者

2 × 防火対象物とは、山林又は舟車、船きょ若しくはふ頭に繋留された船舶、建築物その他の工作物若しくはこれらに属するものをいう。（**法第 2 条第 2 項**）

　　選択肢の記述は、消防対象物の定義で、末尾の「**又は物件**」が異なる。消防対象物は防火対象物より範囲が広く、消防の対象になるすべてのものと考えればよい。（**法第 2 条第 3 項**）

3 ○ 危険物とは、法別表第 1 の品名欄に掲げる物品で、同表に定める区分に応じ同表の性質欄に掲げる**性状**を有するものをいう。性質の区分には、次の 6 つの類がある。（**法第 2 条第 7 項**）

◆危険物の性質の区分

①酸化性固体	②可燃性固体
③自然発火性物質及び禁水性物質	④引火性液体
⑤自己反応性物質	⑥酸化性液体

4 ○ 関係ある場所とは、**防火対象物又は消防対象物のある場所**をいう。（**法第 2 条第 5 項**）

問 2 ▶▶正解 1

　防火対象物における消防用設備等の技術上の基準の特例適用に関する問題である。

　政令、省令又は条例の規定が制定又は改正され、この新規定に適合しない現存する防火対象物には従前の技術上の基準でよいという原則がある。

◆特例適用に関する原則

> ①新規定が施行、適用されても、**改正後の規定は適用されない**
> ②防火対象物の**用途**を変更した場合も、変更前の技術上の基準のままでよい

1　×　政令施行前からある防火対象物は、一定の増改築（増改築の床面積の合計が、**1,000m² 以上となるもの又は基準時における延べ面積の 2 分の 1 以上となるもの**）を行った場合に、現行の技術上の基準が適用される。（**法第 17 条の 2 の 5、令第 34 条の 2**）
　　　特例適用は、「一部」ではなく具体的な数値で規定されている。

2　○　漏電火災警報器は、除外規定が適用され、該当するすべての防火対象物について**改正後**の規定が適用される。（**法第 17 条の 2 の 5、第 17 条の 3、令第 34 条**）

◆除外規定が適用される器具

> ①消火器具（消火器及び簡易消火用具をいう）
> ②二酸化炭素消火設備（全域放出方式のものに関する所定の基準）
> ③避難器具
> ④非常警報器具及び非常警報設備
> ⑤誘導灯及び誘導標識
> ⑥自動火災報知設備及びガス漏れ火災警報設備
> ⑦漏電火災警報器

3　○　工場を倉庫（いずれも非特定防火対象物）に用途変更し、技術上の基準に適合しなくなった場合は、原則として**用途変更前**の工場に関わる技術上の基準が適用される。（**法第 17 条の 2 の 5**）

4　○　既存の大学校（**非特定防火対象物**）には、消火器具など適用が除外されない設備を除き、原則として、従前の技術上の基準でよい。

問3　　　　　　　　　　　　　　　　　　　　　　▶▶正解 3

　定期点検を有資格者にさせる防火対象物に関する問題である。

1　× キャバレー（（2）項イ）は、特定防火対象物だが延べ面積が **1,000m² 未満**なので、有資格者による点検が義務付けられている防火対象物ではない。
2　× 工場（（12）項イ）は、非特定防火対象物で延べ面積が 1,000m² 以上だが、消防長（市町村長）又は消防署長の**指定がない**ので、有資格者による点検が義務付けられている防火対象物ではない。
3　○ 集会場（（1）項ロ）は、**特定防火対象物**で延べ面積が **1,000m² 以上**なので、有資格者による点検が義務付けられている防火対象物である。
4　× 小学校（（7）項）は、非特定防火対象物で延べ面積が 1,000m² 以上だが、消防長（市町村長）又は消防署長の**指定がない**ので、有資格者による点検が義務付けられている防火対象物ではない。

◆定期点検を行う防火対象物

> ①防火対象物の**関係者**は、消防用設備等又は特殊消防用設備等を定期的に点検し、その結果を消防長（市町村長）又は消防署長に報告しなければならない。（**法 17 条の 3 の 3**）
> ②点検を必要としない防火対象物は、舟車（（20）項）である。（**令第 36 条第 1 項**）
> ③消防設備士又は消防設備点検資格者による点検が必要な防火対象物は、延べ面積 1,000m² 以上の特定防火対象物、延べ面積 1,000m² 以上の非特定防火対象物で消防長（市町村長）又は消防署長が**指定するもの**、特定 1 階段等防火対象物及び全域放出方式の**二酸化炭素消火設備**が設けられている防火対象物である。（**令第 36 条第 2 項**）

▶▶ 別冊 1　6 頁「令別表第 1 と消火器の設置基準」参照

問4　　　　　　　　　　　　　　　　　　　　　　▶▶正解 1

　消防用設備等又は特殊消防用設備等に係る整備のうち、消防設備士の独占業務に関する問題である。
　防火対象物の用途と消防設備士の業務とは直接関係がない。（**法第 17 条の 5、第 17 条の 6、令第 36 条の 2、則第 33 条の 3**）

1 ○ 防火対象物に設置する消火器は、**第6類の消防設備士**でなければ整備を行ってはならない。

2 × 防火対象物に設置する自動火災報知設備の電源部分は、消防設備士免状の交付を**受けていない者**でも設置工事・整備を行うことができる。

3、4 × 防火対象物に設置する**誘導灯**とすべり台は、消防設備士免状の交付を**受けていない者**でも設置工事・整備を行うことができる。避難設備のうち、消防設備士でなければ設置工事・整備を行ってはならないのは、固定式の金属製避難はしご、**救助袋、緩降機**である。

●消防設備士の業務範囲

工事整備対象設備等の種類	消防設備士の資格	業務範囲		除外の工事・整備
		工事	整備	
屋内消火栓設備、屋外消火栓設備、スプリンクラー設備、水噴霧消火設備、共同住宅用スプリンクラー設備	第1類 甲	○	○	電源 水源 配管
	乙	×	○	
泡消火設備、特定駐車場用泡消火設備	第2類 甲	○	○	
	乙	×	○	
不活性ガス消火設備、ハロゲン化物消火設備、粉末消火設備	第3類 甲	○	○	
	乙	×	○	
自動火災報知設備、ガス漏れ火災警報設備、消防機関へ通報する火災報知設備、共同住宅用自動火災報知設備、住戸用自動火災報知設備、特定小規模施設用自動火災報知設備、複合型居住施設用自動火災報知設備	第4類 甲	○	○	電源
	乙	×	○	
特殊消防用設備等	特類 甲	○	○	
パッケージ型消火設備、パッケージ型自動消火設備	第1類 第2類 第3類 甲	○	○	
	乙	×	○	
金属製避難はしご（固定式）、救助袋、緩降機	第5類 甲	○	○	—
	乙	×	○	
消火器	第6類 乙	—	○	
漏電火災警報器	第7類 乙	×	○	

▶▶ 問題 本冊 P.29

　検定対象機械器具等の型式承認を行う機関に関する問題である。

　検定対象機械器具等の検定制度は、**型式承認**と**型式適合検定**の2段階に分かれている。まず、**型式承認**を受けなければ、**型式適合検定**を受けることができない。

◆検定合格証の表示を行うまでの手順

①**日本消防検定協会**又は総務大臣の登録を受けた**登録検定機関**が、型式承認に際し、技術上の規格に適合しているかどうかの試験（型式試験）を行う。（**法第21条の3**）

②規格に適合している場合、**総務大臣**が型式承認をする。（**法第21条の4**）

③日本消防検定協会（又は登録検定機関）が、型式承認を受けた検定対象機械器具に係る形状等に適合しているかを検定（**型式適合検定**）する。

④型式適合検定に合格したものは、その旨（検定合格証）の表示を行う。（**法第21条の9第1項**）

1　×　日本消防検定協会は、型式承認前の型式試験及び型式承認を受けたものの**型式適合検定**を行う。

2　○　総務大臣は、技術上の規格に適合しているものについて、**型式承認**を行う。

3　×　消防庁長官は、検定制度には**関係ない**。

4　×　登録検定機関は、日本消防検定協会と同様、型式承認前の型式試験及び型式承認を受けたものの**型式適合検定**を行う。

問6　　　　　　　　　　　　　　　　　　　▶▶正解2

　防災管理者及びその業務内容に関する問題である。（**法第36条、令第45条、第48条**）

1 ○ 防災管理者の選任義務を負うのは、防災管理を要する建築物等の**管理権原者**で、防火管理者の選任義務者と同じである。義務対象物は、対象災害、対象となる建築物等が定められている。

2 × 管理の目的が異なるため、防火管理者が定められていても防災管理者を定める**必要がある**。防火管理の目的が**火災**による被害の防止・軽減であるのに対し、防災管理の目的は**地震等の火災以外の災害**による被害の軽減にある。なお、防火対策と防災対策との一元化を図るため、防災管理対象物においては、**防災管理者**には**防火管理業務**も行なわせなければならないとされている。

3 ○ 防災管理者は、その責務として、当該防火対象物の管理権原者の指示を受けて、**防災管理に係る消防計画**を作成し、避難訓練を定期的に実施しなければならない。

4 ○ 防災管理を要する災害として、**地震**及び**毒性物質の発散等**の原因による特殊な災害が定められている。

●防災管理者（防火管理者）の選任と主な役割

防災管理（防火管理）を要する建築物等の管理権原者

選任

防災管理者（防火管理者）

防災管理者の主な役割	防火管理者の主な役割
①消防計画の作成 ②避難の訓練の実施 ③収容人員の管理、その他防災管理上必要な業務	①消防計画の作成 ②消火、通報及び避難の訓練の実施 ③消防用設備等又は特殊消防用設備等の点検及び整備 ④火気の使用又は取扱いに関する監督 ⑤避難又は防火上必要な構造、設備の維持管理 ⑥収容人員の管理、その他防火管理上必要な業務

消防関係法令 (類別)

問 7 ▶▶ 正解 3

　消火器具の設置が必要な防火対象物は、設置基準面積により、延べ面積に**関係ないもの**、延べ面積が **150m² 以上**、延べ面積 **300m² 以上**の 3 区分がある。(**令第 10 条第 1 項**)

1 × 作業場 ((12) 項イ) は、延べ面積 150m² 以上で消火器具の設置が必要になる。100m² では設置の必要はない。
2 × 神社 ((11) 項) は、延べ面積 300m² 以上で消火器具の設置が必要になる。150m² では設置の必要はない。
3 ○ 寄宿舎 ((5) 項ロ) は、延べ面積 150m² 以上で消火器具の設置が必要になる。200m² では設置が必要である。
4 × 事務所 ((15) 項) は、延べ面積 300m² 以上で消火器具の設置が必要になる。250m² では設置の必要はない。

▶▶ 別冊 1 　6 頁「令別表第 1 と消火器の設置基準」参照

問 8 ▶▶ 正解 3

　消火器設置禁止場所に関する問題である。
　地下街に設置できる消火器は、**3** の**ハロン 1301 消火器**である。
　換気について有効な開口部の面積が床面積の **30 分の 1 以下**で、その床面積が **20m² 以下**の居室、地階又は無窓階にはハロン 1301 を除くハロゲン化物消火器、二酸化炭素消火器の設置が禁止されている。(**則第 11 条**)

問 9 ▶▶ 正解 4

　電気設備の火災に適応しない消火器具は、**4** の**棒状の水を放射する消火器**である。

◆電気設備がある場所に設置する消火器（令第10条）

①霧状の水を放射する消火器　②霧状の強化液を放射する消火器
③二酸化炭素を放射する消火器　④ハロゲン化物を放射する消火器
⑤粉末（リン酸塩類等）を放射する消火器
⑥粉末（炭酸水素塩類等）を放射する消火器

▶▶ 別冊1　11頁「消火薬剤の消火作用と適応火災」参照

問10

▶▶正解 4

消火器の設置位置に関する問題である。

1　✕　二酸化炭素消火器の使用温度範囲は **0℃以上40℃以下**であり、40℃超の高温になる可能性のあるボイラーの直前の設置には適さない。**(規第10条の2)**

2　✕　化学泡消火器の使用温度範囲は **5℃以上40℃以下**であり、5℃未満の低温になる可能性のある冷凍倉庫内の設置には適さない。**(規第10条の2)**

3　✕　消火器は、厨房室での床面、作業場の地面等への**直置き**は避け、壁掛け又は設置台、格納箱に設置する。

4　〇　防火対象物の各部分からの距離は、原則として、小型消火器で**歩行距離20m以下**、大型消火器で**歩行距離30m以下**の位置に設けなければならない。歩行距離10mは基準に適合している。**(則第6条、第7条)**

●消火器の設置距離

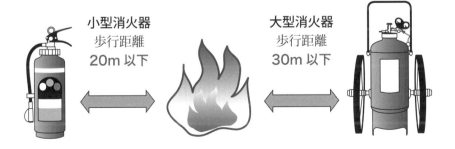

小型消火器
歩行距離
20m 以下

大型消火器
歩行距離
30m 以下

機械に関する基礎的知識

問 11

力の釣り合う 3 条件に関する基本的な問題である。

A、B が綱を引いて静止して
動かない場合を考えると、次
の 3 条件が成立していること
がわかる。

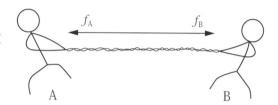

①**力の大きさが等しい**：A、B の 2 人が引く力 f_A と f_B の大きさは等しい
②**方向が正反対**　　　：A、B の 2 人が引く力の方向は正反対である
③**作用線が同一線上**　：A、B の 2 人の力はロープ上にかかっている

1　× 力の**方向**が等しいと物体（綱）はその方向に動いてしまう。
2　○ 上記の条件を満たすため、**正しい**。
3、4 × 力の働く**時間**は力の釣り合いの条件ではない。

問 12

ひずみに関する計算問題である。
材料に外力を加えると、材料はその
外力に応じて変形（伸び縮み）する。
物体が変形した場合に、**変形量を元の
長さで除した割合**がひずみであり次式
で表される。

$$\varepsilon = \frac{\ell_1 - \ell}{\ell}$$

ε：ひずみ
ℓ：変形前の長さ
ℓ_1：変形後の長さ

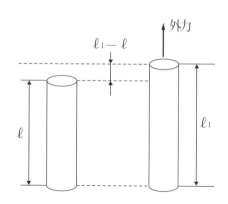

式に変形前の長さ及び変形後の長さを代入すると、ひずみは次のように求められる。

$$\varepsilon = \frac{104 - 100}{100} = \frac{4}{100} = 0.04$$

したがって、**1** の **0.04** が正しい。

問13 ▶▶正解 2

距離、時間及び速度の関係に関する問題である。
速度とは、**単位時間に物体が移動した距離**である。
距離（S〔m〕）、時間（t〔s〕）、速度（v〔m/s〕）の関係は次式で表される。

$$v〔m/s〕 = \frac{S〔m〕}{t〔s〕}$$

設問では毎秒の速度を求めているので、時間の単位を分から秒に変換する必要がある。
t〔分〕 $= 60 \times t$〔秒〕なので、式は次のようになる。

$$v〔m/s〕 = \frac{S〔m〕}{60t〔s〕}$$

したがって、**2** の $v = \dfrac{S}{60t}$ が正しい。

問14 ▶▶正解 1

絶対圧力と大気圧の関係に関する問題である。

1 ○ 大気圧と相対圧力を加えたものを**絶対圧力**という。絶対真空を0とした場合の**絶対的**な圧力表記である。
2 × ゲージ圧力とは、**相対圧力**のことである。ゲージ圧力は、大気圧を0とした場合の**相対的**な圧力表記である。
3 × 水銀柱は、水銀圧力計などで、細いガラス管に入っている水銀を表す。その高さにより**圧力**や**温度**が示される。
4 × 標準大気圧とは、気圧の国際基準として定められた値で、1気圧は

1013hPa である。

◆大気圧とゲージ圧力

大気圧	：地球上には常に空気の重さによる圧力が加わっており、この空気による圧力を大気圧という。標準大気圧は 1013hPa（ヘクトパスカル）（水銀柱の高さで表すと 760mmHg）である。
ゲージ圧力	：ゲージ圧力は、大気圧を無視した**相対的**な圧力で**相対圧力**ともいう。実際にはこの値のほうが実効性があり、通常、圧力と呼ぶ場合はゲージ圧力を指している。
絶対圧力	：**大気圧**と**ゲージ圧力**を加えたものを絶対圧力という。

問 15

▶▶**正解 1**

合金に関する問題である。

金属にほかの元素を含ませたものを**合金**という。通常、金属材料は単体としてではなく**合金**として使用される。**合金**は、元の金属に比べて次の性能が向上する。

◆合金の特徴

①元の金属より**硬く**なる。
②元の金属より融点が**低く**なる。
③元の金属より電気伝導率が**小さく**なる。
④元の金属より熱伝導率が**小さく**なる。
⑤元の金属より化学的に**安定**する。

1 ○ 合金とは、金属に**他の元素（金属、非金属材料）**を添加、混合させた金属である。

2 × 特殊鋼とは、**炭素鋼**にケイ素・マンガン・ニッケル・コバルト等を添加し、特殊な性能を持たせた鋼である。

3 × 弾性体とは、**弾性を持つ物体**のことであり、特にゴムのように弾性を示す限界の大きなものをいう場合がある。

4 × 鉄鋼とは、**鉄**を主成分とする金属材料のことであり、銑鉄・鋼の総称である。

構造・機能及び整備の方法（機械）

問 16 ▶▶正解 2

指示圧力計に関する問題である。

蓄圧式の消火器（二酸化炭素消火器及びハロン 1301 消火器を除く）は、容器内の圧力を確認できるよう、指示圧力計を設ける。**（規第 28 条）**

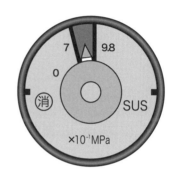

1 ○ 指示圧力の許容誤差は、使用圧力範囲の圧力値の**上下 10%**以内でなければならない。
2 × 指示圧力計は、その目盛り板上の使用圧力範囲を示す部分を、赤色ではなく**緑色**で明示すること。
3 ○ 指示圧力計の指針及び目盛り板は、**耐食性**を有する金属であることとされている。
4 ○ 指示圧力計は、**外部からの衝撃**に対し保護されていなければならない。一般的には、指示圧力計の上部に保護板等を設けているものが多い。

問 17 ▶▶正解 3

化学泡消火器に関する問題である。

1 ○ 転倒式化学泡消火器は、2 種類の薬剤水溶液が使用される 2 液式である。外筒剤（A 剤）としては**炭酸水素ナトリウム**を主成分とした薬剤の水溶液が、内筒剤（B 剤）としては**硫酸アルミニウム**の水溶液が各々充てんされている。
2 ○ 化学消火器は、外筒と内筒の 2 種類の水溶液を反応させることにより**二酸化炭素（CO_2）**を発生させ、その圧力により泡を放射する。
3 × 化学泡消火器の消火効果は、水による**冷却作用**のほか、泡が燃焼面を覆うことにより空気の供給を遮断する**窒息作用**がある。抑制作用はない。

4 ○ 化学泡消火器は、冷却作用により **A（普通）火災**に適応するとともに、窒息作用により **B（油）火災**に適応する。

●消火薬剤の消火作用と適応火災

消火作用と適応火災／消火薬剤	冷却作用 A（普通）火災	窒息作用 B（油）火災	抑制作用	そのほかの適応火災	特徴（優劣）
水	●			C（電気）火災（霧状放射のもの）	○：（霧状放射）再燃防止効果、放射距離、放射時間、浸透性 ×：油火災に対し火面拡大
強化液	●		●		○：（霧状放射）再燃防止効果、火勢の抑制、放射時間、浸透性 ×：電気絶縁の劣化
化学泡	●	●		なし	○：再燃防止効果、放射距離、放射時間、透視性 ×：転倒させて使用、電気絶縁性、低温状態での消火能力
機械泡	●	●		なし	○：再燃防止効果、放射時間、透視性
ハロゲン化物		●	●	C（電気）火災及びA（普通）火災（薬剤量の多いもの）	現在は製造されていない。
二酸化炭素		●		C（電気）火災	○：消火剤による腐食・汚損、薬剤の変質、凍結のおそれなし、消火後に障害を残さない、×：放射距離、再燃防止効果
粉末（ABC）		●	●	C（電気）火災及びA（普通）火災（粉末（ABC）消火器は表面燃焼火災に効果あり）	○：火勢の抑制、消火剤による腐食、凍結のおそれなし ×：再燃防止効果、透視性、浸透性
粉末（Na）（K）（KU）		●	●		○：火勢の抑制、消火剤による腐食、凍結のおそれなし ×：再燃防止効果、浸透性、防炎作用

問18 ▶▶正解 3

手さげ式のガス加圧式粉末消火器に関する問題である。

1 × ガス加圧式粉末消火器で開閉バルブ式のものは、ノズル先端ではなく、**バルブ本体のサイホン管上部**に開閉バルブが設けられている。
2 × ガス加圧式粉末消火器で開閉バルブ式のものは、レバー操作により放射及び放射停止の制御が可能だが、一度使用すると消火薬剤粉末が付着することにより気密が保てず、時間と共に内部圧力が低下し放射できなくなるため**再使用はできない**。
3 ○ ガス加圧式粉末消火器で開閉バルブ式のものは、自動的に作動し使用したことが外部から分かる**表示（使用済表示）**を設けなければならない。手さげ式の消火器で指示圧力計のある蓄圧式消火器、バルブのない（開放式）消火器及び手動ポンプにより作動する消火器を除き、使用済表示を設けなければならない。（規第21条の2）
4 × ガス加圧式粉末消火器で開閉バルブ式のものは、レバー操作により放射及び放射停止の制御が可能だが、一度使用すると消火薬剤粉末が付着してしまうため**気密が保てない**。

問19 ▶▶正解 3

加圧用ガス容器に関する問題である。（規第25条）

1 ○ 加圧用ガス容器は、ガスを充てんして40℃の温水中に**2時間**浸す試験を行った場合において、漏れを生じないこと。
2 ○ 二酸化炭素を用いる加圧用ガス容器の内容積は、充てんする液化炭酸の1gにつき **1.5cm³ 以上**であること。
3 × 内容積が100cm³ 以下の加圧用ガス容器の作動封板は、二酸化炭素を充てんするものにあっては **24.5MPa** の圧力を、窒素ガスを充てんするものにあっては最高充てん圧力の **3分の5倍**の圧力を水圧力で2分間加える試験を行った場合において、**破壊されないこと**。問題の記述は、内容積が100cm³ を超える加圧用ガス容器に関するものである。
4 ○ 内容積が100cm³ **以下**の加圧用ガス容器は、破壊されるとき周囲に危険を及ぼすおそれが少ないこと。

▶▶ 問題 本冊 P.34 〜 P.35   33

問 20 ▶▶**正解** 1

　機器点検のうち、消火器の内部及び機能に係る点検の実施数に関する問題である。

1 × 粉末消火器は、加圧式及び蓄圧式とも、全数ではなく、**抜取り試料数**について点検を実施することができる。

2 ○ 化学泡消火器は、**全数**について点検を実施する。

3 ○ 強化液消火器の**蓄圧式**は、**抜取り試料数**について点検を実施することができる。**加圧式**の場合には、**全数**について点検を実施する。

4 ○ 蓄圧式機械泡消火器は、**抜取り試料数**について点検を実施することができる。

●機器点検の実施項目

消火器の区分			確認項目	
加圧方式	器　種	対　　象	放射能力を除く項目	放射能力
加圧式	化学泡	設置後1年経過したもの	全数	全数の10%以上
	水	製造年から3年経過したもの		
	強化液			
	機械泡			
	粉末		抜取り試料数	抜取り数の50%以上
蓄圧式	水	製造年から5年経過したもの		
	強化液			
	機械泡			
	粉末			
	ハロゲン化物			
	二酸化炭素			
全器種	外形確認で欠陥があり、内部及び機能の確認を要するもの		全数（確認指示項目に欠陥のないものは、そのほかの項目は省略できる）	

問21　　　　　　　　　　　　　　　　　　　▶▶正解 1

消火器の本体容器の点検・整備に関する問題である。

1　×　錆がはく離するものは、**廃棄**しなければならない。
2　○　溶接部が損傷しているものは、**廃棄**しなければならない。
3　○　著しい損傷があり、機能上支障のおそれのあるものは、**廃棄**しなければならない。
4　○　腐食のあるものは、**耐圧性能**に関する点検を行わなければならない。

問22　　　　　　　　　　　　　　　　　　　▶▶正解 2

蓄圧式消火器の指示圧力計の点検結果に関する問題である。

1　○　指示圧力計の指針が**緑色の使用圧力範囲内**にあるものは、**正常**である。緑色の範囲を外れているものは、何らかの異常があることを示しているので、消火器の内部及び機能に係る項目の点検を行う。
2　×　安全栓が装着されているのに指針が0を指しているものは、**指示圧力計の異常**又は**漏れ**が考えられる。
3　○　指示圧力計の目盛り板表面に⑩のマークが表示されているのは、**正常**である。
4　○　安全栓の封に**損傷・脱落**がなく、確実に取り付けられているのは、**正常**である。

問23　　　　　　　　　　　　　　　　　　　▶▶正解 1

加圧式粉末消火器の分解方法に関する問題である。
分解中に何かのはずみでレバーが作動すると危険なので、安全栓は**最後**に外す。

◆加圧式粉末消火器の分解の手順

①使用されていないものは、加圧ガスが破封されていないので、分解時に破れて噴出すると危険なため、安全栓は**外さない**。
分解前に総質量を計る。

②排圧栓のあるものは、**排圧栓**を開け徐々に排圧する。
排圧栓のないものは、専用のクランプ台に固定し、専用のキャップスパナで**キャップ**を緩め、減圧孔から内圧が漏れたらしばらくそのままにして完全に排圧する。

③本体は、専用のクランプ台に固定する。
キャップを開け、バルブ、レバー、ホース等一式を本体容器から取り外す。

④加圧用ガス容器、粉上り防止用封板を取り外す。
安全栓を外す。

問 24　　　　　　　　　　　　　　　　　　　　▶▶**正解 2**

化学泡消火器の点検時の注意事項に関する問題である。

1　○　本体容器の内外を**水洗い**して、本体容器内面及び外面に**腐食**又は**防錆材料の脱落**等がないかを確認する。
2　×　化学泡消火器のキャップ等合成樹脂部品を清掃する場合、**有機溶剤**は合成樹脂を溶解変質させるおそれがあるため**使用しない**。
3　○　キャップを緩めるには、**木製のてこ棒**を用いる。キャップは合成樹脂製なので固い**金属製のてこ棒**を使用しない。
4　○　転倒式のものは、本体容器を 30 度以上傾けると内筒用薬剤と外筒用薬剤が混じり**化学反応**を起こしてしまうため、点検時には傾かないよう**クランプ台**で固定する。

構造・機能及び整備の方法（規格）

問 25 ▶▶正解 2

適応火災（火災種別）及び能力単位に関する問題である。

能力単位とは、消火器の消火性能を表すものである。消火器は、A 火災用、B 火災用ともに、最低限の能力単位は **1 以上**でなければならない。

1 ○ 消火器は、適応火災以外の火災に（例えば、A 火災用の消火器を B 火災又は C 火災に）**使用できない**。

2 × C 火災とは、A、B とは別に分類される**通電中の電気機器・設備の火災を**いい、「**電気火災**」ともいう。規格省令上に定義及び能力単位の規定はない。

3 ○ A 火災とは、**木材、紙等の火災**をいい、「**普通火災**」ともいう。規格省令では、B 火災以外の火災と定義される。

4 ○ B 火災とは、**灯油・ガソリン等（引火性の液体等）の火災**をいい、「**油火災**」ともいう。規格省令では、法別表第 1 の第 4 類の危険物、危令別表第 4 の可燃性固体類及び可燃性液体類に係るものの火災と定義される。

●火災の分類

火　災	説　明
A（普通）**火災**	木材、紙、繊維などが燃える火災
B（油）**火災**	石油類、その他の可燃性液体類、可燃性固体類などが燃える火災
C（電気）**火災**	電気設備のショートなどが原因の火災

A火災（普通火災）

B火災（油火災）

C火災（電気火災）

問 26 ▶▶正解 4

消火器の使用温度範囲に関する問題である。（規第 10 条の 2）

一般的な消火器（化学泡消火器を除く）では、下限値を拡大した（− 20℃、− 30℃で上限 40℃）ものが製造されている。

1 ○ 粉末消火器の使用温度範囲は、**0℃以上 40℃以下**である。
2 ○ 強化液消火器の使用温度範囲は、**0℃以上 40℃以下**である。
3 ○ 化学泡消火器の使用温度範囲は、**5℃以上 40℃以下**である。
4 × 二酸化炭素消火器の使用温度範囲は、− 5℃以上 40℃以下ではなく **0℃以上 40℃以下**である。

問 27 ▶▶正解 4

粉末消火薬剤の主成分に関する問題である。

1 ○ リン酸アンモニウムを主成分としたものは現在**使われている**。粉末（ABC）消火薬剤ともいい、**淡紅色系**に着色されており、**A・B・C**火災に適応する。
2 ○ 炭酸水素カリウムを主成分としたものは現在**使われている**。粉末（K）消火薬剤ともいい、**紫色系**に着色されており、**B・C**火災に適応する。
3 ○ 炭酸水素ナトリウムを主成分としたものは現在**使われている**。粉末（Na）消火薬剤ともいい、**白色**で**B・C**火災に適応する。
4 × 塩化ナトリウムを主成分としたものは**使われていない**。塩化ナトリウムは食塩として使われているものである。

問 28 ▶▶正解 3

消火器の放射性能に関する問題である。（規第 10 条）

●消火器の放射性能

消火器 (消火薬剤)	放射性能		使用温度範囲	
	放射時間	放射量	規　格	実用面
水	10 秒以上 (20℃)	容量 / 質量 の 90%以上	0℃以上 40℃以下	− 20℃以上 40℃以下
強化液		容量 / 質量 の 90%以上	0℃以上 40℃以下	− 20℃以上 40℃以下
化学泡		容量 / 質量 の 85%以上	5℃以上 40℃以下	5℃以上 40℃以下
機械泡		容量 / 質量 の 90%以上	0℃以上 40℃以下	− 20℃以上 40℃以下
二酸化炭素			0℃以上 40℃以下	− 30℃以上 40℃以下
粉末			0℃以上 40℃以下	− 30℃以上 40℃以下

1 × 放射性能は、**正常に操作した場合**について定められている。

2 × 放射量は、充てんされた消火薬剤の質量又は容量の**90%**（化学泡消火薬剤は**85%**）以上の量を放射できることと定められている。

3 ○ 放射時間は、温度20℃において**10秒以上**であることが定められている。

4 × 放射距離は、具体的な距離ではなく、**消火に有効な距離**を有することと定められている。

問29 ▶▶正解 3

消火器のろ過網に関する問題である。（**規第17条**）

ろ過網の必要な消火器は、**液体の消火薬剤を使用する消火器**である。薬剤中のゴミ等によりホース又はノズルが目詰りして放射できないことを防ぐために、薬剤導出管の本体容器内の**開口部**にろ過網を設ける。

ろ過網の必要な消火器は、**3**の**化学泡消火器**である。

強化液消火器は、蓄圧式ではなく、**ガラス瓶**を使用する場合にはろ過網を設置しなければならないとされているが、現在は使用されていない。

問30 ▶▶正解 1

消火器の指示圧力計に関する問題である。（**規第28条**）

1 × 蓄圧式の消火器は、常時容器内を加圧していることから、指示圧力計を設けなければならないが、蓄圧式の**二酸化炭素消火器（及びハロン1301消火器）**には、指示圧力計を設けなくともよい。

2 ○ 指示圧力計は、**外部からの衝撃に対し保護**されていなければならない。一般的には、指示圧力計の上部にひさし状の保護板等を設けている。

3 ○ 指示圧力計は、その目盛り板上に使用圧力の範囲を示す部分を緑色で明示すること。指示圧力計の指示圧力の許容誤差は、使用圧力範囲の圧力値の**上下10%以内**でなければならない。

4 ○ 指示圧力計の圧力検出部及びその接合部は、**耐久性**を有するものでなければならない。

鑑別等

1

2

$\frac{1}{2}$以上が
緑色
（編集部注記）

3

正解

1	機械泡消火器（蓄圧式）
2	化学泡消火器（破がい転倒式）
3	二酸化炭素消火器（蓄圧式）

　消火器の名称を問う問題である。

1　独特な形状の発泡ノズルから**機械泡消火器**である。指示圧力計があるので**蓄圧式**とわかる。

2　キャップの形状から**化学泡消火器**である。

3　ノズル先端部のホーン形状から**二酸化炭素消火器**である。

問2

正解

1	粉末消火器（蓄圧式）
2	安全栓を抜き、ノズルを火元に向け、レバーを強く握る。
3	蓄圧式

消火器の名称等を問う問題である。

1、3 粉末消火薬剤と指示圧力計が**ある**ことから**蓄圧式**の**粉末消火器**である。

2 操作方法は、**レバー**を有する消火器として標準的なものとなり、手さげ式の消火器及び据置式の消火器では容器本体に使用方法を図示することが必要である。（規第 38 条）

安全栓 →
指示圧力計 →
← 粉末消火薬剤
← サイホン管

問3

正解

1	ろ過網
2	ノズル又はホースが詰まることを防止する。
3	化学泡消火器

消火器の部品に関する問題である。

ろ過網は、薬剤放出の際消火剤の中にできたかたまりによる**目詰り**を防止する。（規第 17 条）

ろ過網の目の最大径はノズルの最小径の **4 分の 3 以下**、目の部分の合計面積はノズル開口部の最小断面積の **30 倍以上**とする。（規第 17 条）

ろ過網は、現在製造されている消火器では、**化学泡消火器**に特有な部品である。

第2回　[実技]

問4

正解

1	標準圧力計	容器の内圧を測定し指示圧力計の精度を点検する。
	継手金具	圧力調整器などを消火器に取り付ける。
	圧力調整器	高圧の 1 次圧を低圧の 2 次圧に下げて供給する。
2		蓄圧式強化液消火器、蓄圧式機械泡消火器、蓄圧式粉末消火器又は水（浸潤剤入り）消火器のうち 1 つ
3		・2 次圧は消火器の使用圧に設定する。 ・各連結部は十分に締め付ける。 以上のうち 1 つ

消火器の点検・整備に用いる器具に関する問題である。

1 　標準圧力計は、蓄圧式消火器の**指示圧力計の精度**を点検するために用いられる。

　　継手金具（又はカプラ継手）は、**圧力調整器と消火器**をつなぐための器具である。一方はネジで**消火器のホース接続部**に合うようになっており、他方はカプラ継手で**圧力調整器からのホース**につながるようになっている。

　　圧力調整器は、**高圧（1 次側圧力）の充てんガスを調整し消火器の内圧（2 次側圧力）**まで下げるためのものである。1 次側圧力計、2 次側圧力計及び調整ハンドルを備えている。

2 　これらの 3 つの器具を用いて行う点検・整備は、**蓄圧式消火器への蓄圧ガスの充てん**である。蓄圧式消火器には、蓄圧式強化液消火器、蓄圧式機械泡消火器、蓄圧式粉末消火器又は水（浸潤剤入り）消火器がある。

3 　圧力調整器を用いる場合の留意事項は次のとおりである。
　・圧力調整ハンドルをゆっくり回すと 2 次側圧力計の針が徐々に上昇するので、**充てん圧力値（消火器の使用圧）**に設定する必要がある。
　・器具と消火器及び器具相互間の接続はガスの漏れがないよう**確実に締める**必要がある。

問5

正解

1	排圧作業
2	消火器内の残圧を排除するため
3	クランプ台、ドライバー
4	必要
5	キャップを外すとき、残圧による破裂、部品の飛び散り等の事故を防止する。

排圧作業に関する問題である。

1、2 作業名は、消火器の分解の際に行う**排圧作業**で、作業の目的は、消火器容器内には圧力が残っていることがあるので、分解に先立ち、破裂等の事故を防止するため**内圧を完全に放出**するためである。

3 使用器具は、消火器容器が動かないように固定するための**クランプ台**と、排圧栓を緩めるための**ドライバー**（プラスかマイナスかは消火器により異なる）である。

4 使用済みの消火器においても、ガスが完全に放出されずに残っていることがあるため、**必ず排圧作業を行わなければならない**。

5 排圧作業によりキャップを外すとき、**残圧による破裂、部品の飛び散り**等の事故を防止する。

消防関係法令（共通）

問1　　　　　　　　　　　　　　　　　　　　▶▶正解 1

防火管理者及びその業務内容に関する問題である。（法第 8 条、令第 1 条の 2）

1　×　防火管理者を設置しなければならない防火対象物は、**収容人員**で決められている。

2　○　防火管理者の選任は、防火管理者の設置を必要とする防火対象物の**管理権原者**が行い、防火管理者を定めたときは、その旨を遅滞なく所轄消防長又は消防署長に**届け出**なければならない。

3　○　防火管理者は、**消防計画を作成**し、これに基づき次の業務を行う。

◆**防火管理者が行う業務**

①**消火、通報及び避難の訓練の実施**
②消防用設備等又は特殊消防用設備等の**点検及び整備**
③火気の使用又は取扱いに関する監督
④避難又は防火上必要な構造、設備の維持管理
⑤収容人員の管理、その他防火管理上必要な業務

4　○　防火管理者は、消火器の**点検**及び**整備**に関し必要な業務を行わなければならない。消火器は、上記②の消防用設備等に区分されている。

▶▶ 別冊 1　3 頁「防火管理者の資格」参照

問2　　　　　　　　　　　　　　　　　　　　▶▶正解 2

附加条例に関する問題である。

市町村は条例で、消防用設備等の技術上の基準と異なる条例（附加条例ともいう）を設けることができる。（**法第 17 条第 2 項**）

その地方の気候又は風土の特殊性により、政令のみによっては、**防火の目的を十分達しがたい**と認めるとき、消防用設備等の技術上の基準に関してだ

け、**厳しい**（緩めてはいけない）規定を設けることができる。
　したがって、**2 の市町村の条例**が正しい。

問 3　　　　　　　　　　　　　　　　　▶▶正解 4

　消防用設備等又は特殊消防用設備等の点検及び報告に関する問題である。

◆**定期点検を行う防火対象物**

①防火対象物の**関係者**は、消防用設備等又は特殊消防用設備等を定期的に点検し、その結果を消防長（市町村長）又は消防署長に報告しなければならない。**（法 17 条の 3 の 3）**
②点検を必要としない防火対象物は、舟車（（20）項）である。**（令第 36 条第 1 項）**
③消防設備士又は消防設備点検資格者による点検が必要な防火対象物は、延べ面積 1,000m² 以上の特定防火対象物、延べ面積 1,000m² 以上の非特定防火対象物で消防長（市町村長）又は消防署長が指定するもの、特定 1 階段等防火対象物及び全域放出方式の二酸化炭素消火設備が設けられている防火対象物である。**（令第 36 条第 2 項）**

　1 の甲種消防設備士、2 の乙種消防設備士、及び 3 の消防設備点検資格者は、点検実施の資格者である。（上記③）
　4 の防火管理者は、政令で定める防火対象物における消防用設備等の法定点検実施の資格者ではないが、有資格者以外で関係者自ら点検しなければならない立場の一人として、防火管理上の責務が生じる。

問 4　　　　　　　　　　　　　　　　　▶▶正解 4

　消防用設備等又は特殊消防用設備等の設置維持命令に対する違反に関する問題である。**（法第 41 条、第 44 条）**

◆**設置維持命令違反の罰則**

設置命令に違反　→　1 年以下の懲役又は 100 万円以下の罰金
維持の措置命令に違反　→　30 万円以下の罰金又は拘留

　したがって、維持の措置命令に違反した場合は、**4 の 30 万円以下の罰金又は拘留**が正しい。

▶▶正解 4

消防設備士に関する問題である。

消防設備士免状の種類に応じた**工事又は整備**が行える。免状の種類が異なる工事整備対象設備等の工事又は整備を行うには、それぞれの免状が必要である。(**法第 17 条の 5、第 17 条の 6、令第 36 条の 2、則第 33 条の 3**)

1、2、3 × 甲種消防設備士は、消防設備士免状に指定された **1 種類**の工事整備対象設備等（消防用設備等又は特殊消防用設備等）の**工事及び整備**を行える。

4 ○ 乙種消防設備士は、消防設備士免状に指定された **1 種類**の工事整備対象設備等（消防用設備等又は特殊消防用設備等）の**整備**を行える。

▶▶ 別冊 1　4 頁「消防設備士の業務範囲」参照

▶▶正解 1

消防用設備等の検定に関する問題である。

◆検定対象となる消防の用に供する機械器具等（**法第 21 条の 2、令第 37 条**）

①消火器、消火器用消火薬剤（二酸化炭素を除く）
②泡消火薬剤（水溶性液体用のものを除く）　③火災報知設備の感知器、発信機
④火災報知設備・ガス漏れ火災警報設備の中継器、受信機
⑤住宅用防災警報器　⑥閉鎖型スプリンクラーヘッド　⑦流水検知装置
⑧一斉開放弁（大口径を除く）　⑨金属製避難はしご　⑩緩降機

自主表示対象機械器具等とは、検定対象機械器具等のうち政令で定めるものであり、**動力消防ポンプ、消防用ホース、消防用吸管**等 6 品目が該当する。

以下、検定が必要なものを○、不要なものを×とする。

1 ○ 消火器具のうち住宅用の**消火器**は、検定対象機械器具等である。
2 × 加圧式消火器の加圧用ガス容器は、検定対象機械器具等ではない。日本消防検定協会で**品質評価**を行っている。
3 × 消防自動車に積載する動力消防ポンプは、検定対象機械器具等ではない。**自主表示対象機械器具等**である。
4 × スプリンクラー設備の**開放型スプリンクラーヘッド**は、検定対象機械器具等ではない。

消防関係法令（類別）

問7 ▶▶**正解** 4

　消火器具の設置が必要な防火対象物は、設置基準面積により、延べ面積に関係ないもの、延べ面積が 150m² 以上、延べ面積が 300m² 以上の 3 区分がある。（令第 10 条第 1 項）

1、2、3　× ホテル（（5）項イ）、スーパーマーケット（（4）項）、共同住宅（（5）項ロ）は、延べ面積 150m² 以上で消火器具の設置が必要になる。
4　○ ダンスホール（（2）項ロ）は、延べ面積に関係なく消火器具の設置が必要になる。

▶▶ 別冊1　6頁「令別表第1と消火器の設置基準」参照

問8 ▶▶**正解** 1

消火器具の設置基準（設置場所）についての問題である。（則第 9 条）

1　× 小型消火器は床面からの高さが 1.5m 以下の箇所に設ける。
2　○ 消火剤が**凍結、変質、噴出**するおそれが少ない箇所に設ける。
3　○ **地震等による転倒を防止する**ための措置を講じる。
4　○ 水バケツを設置した箇所には、「**消火バケツ**」と表示した標識を見やすい位置に設けなければならない。

●小型消火器と水バケツの設置

1.5m 以下

消火用

消火バケツ

▶▶ 問題　本冊 P.45 ～ P.47　47

問9 ▶▶正解 2

設置個数の減少に関する問題である。(則第8条)

スプリンクラー設備、屋内消火栓設備等の消火設備が技術上の基準にしたがって設置されている場合は、消火器具の能力単位数を**3分の1**まで減少できる。したがって、**2**が正しい。

ただし、減少できるのは能力単位数だけで、**設置個数**は減少できない。また、**11階以上の部分**に設置するものには適用しない。

問10 ▶▶正解 2

防火対象物の各部分から一の消火器までの距離は、原則として、小型消火器で歩行距離**20m以下**でなければならない。したがって、**2**が正しい。(則第6条第6項)

●消火器の設置距離

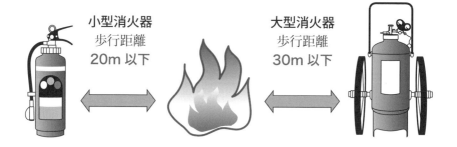

小型消火器
歩行距離
20m 以下

大型消火器
歩行距離
30m 以下

機械に関する基礎的知識

問11

▶▶ **正解** 1

消火器の本体容器に生ずる応力に関する問題である。

応力とは、物体に力が加わるとき、物体内部に発生する**抵抗力**をいう。

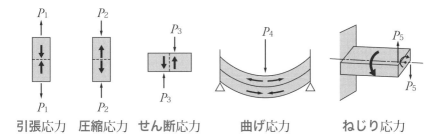

引張応力　圧縮応力　せん断応力　　曲げ応力　　　ねじり応力

◆**応力の種類**

引張応力：引張力 P_1 に抵抗する力	圧縮応力：圧縮力 P_2 に抵抗する力
せん断応力：せん断力 P_3 に抵抗する力	曲げ応力：曲げ荷重 P_4 に抵抗する力
ねじり応力：ねじり力 P_5 に抵抗する力	

　蓄圧式消火器は、本体容器内を圧縮窒素等により加圧しているものであり、内側からの圧力により本体容器には膨らもうとする力が働くため、容器の材料（鋼板等）は**引っ張られている**。

　したがって、**1 の引張応力**が正しい。

第3回 ［筆記］

　許容応力、安全率、最大強さの関係に関する問題である。

　応力ひずみ線図は、物体に力を加えた場合の応力とひずみの関係を示す。

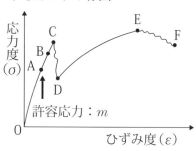

◆応力ひずみ線図

A（比例限度）：応力とひずみが比例する限界
B（弾性限度）：荷重を取り除けば伸びも同時に戻る（弾性）限界
C～D（降伏点）：応力は増加しないでひずみが急増する区間（C、Dは各々上降伏点、下降伏点という）
E（最大強さ）：最大荷重時の応力（極限強さ又は限界強さともいう）
F（破壊点又は破断点）：破壊応力（破壊荷重ともいう）

　最大強さ（M）は、物体が外力に抵抗しうる最大点である。

　許容応力（m）は、機械材料として、安全強度内で使用できる計算上の一定応力値で、**使える範囲の応力の最大値**である。物体を機械材料として使う場合には、外力を加えても変形が元に戻りうる範囲（図のB点までの応力）で使う必要がある。

　安全率（S）は、物体の許容応力が、**最大強さ**に対してどれくらいの割合になるかを数値で示したものであり次式で表す。

$$S = \frac{M（最大強さ）}{m（許容応力）} \quad 、 \quad m（許容応力）= \frac{M（最大強さ）}{S（安全率）}$$

　したがって、**3**の「**許容応力は、最大強さを安全率で除したものである。**」が正しい。

問 13

▶▶**正解** 2

最大摩擦力を求める計算問題である。

静止している物体を動かそうとすると、接触面には動かす力とそれとは逆向きの力が働く。この逆向きの力を**摩擦力**という。

物体が滑り出す時の摩擦力を**最大摩擦**といい、この時に必要な力（最大摩擦力）Fと物体が接触面に作用する力（物体の重量）Nには、次式で表される関係が成り立つ。すなわち、FはμとNに比例する。

$$F = \mu N$$

μは接触面の**摩擦係数**といい、単位体積当たりの重量と接触面の状態（表面形状）で決まる一定値である。粗いほど大きく、滑らかなほど小さい。

式に摩擦係数、重量を代入すると、最大摩擦力は次のように求められる。

$$F = \mu N = 0.4 \times 100 \ (N) = \mathbf{40} \ \mathbf{(N)}$$

したがって、2 の 40 **(N)** が正しい。

問 14

▶▶**正解** 2

消火器に使用される金属の性質に関する問題である。

金属は、工業用の材料として優れたものであり、広く用いられている。金属は次のような性質をもつ。

◆**金属のもつ性質**

①常温で固体であり強い。　②**展性**（ハンマ等で打ち伸ばされて板・箔にされ得る性質）に富み加工しやすい。　③**延性**（引き延ばされる性質）に富み加工しやすい。　④電気の**良導体**である。　⑤金属光沢を有している。　⑥**可鋳性**（溶解して成型できる性質）に富む。　⑦**可鍛性**（加熱し、ハンマ等で打ち伸ばして成形できる性質）に富む。　⑧加熱すると膨張する。

1、3、4　〇　消火器に金属が使用される理由としては、強度に加え、**加工の容易性**が考えられる。加工の容易性を示す金属の性質には、**展性**、延性、**可鋳性**及び**可鍛性**がある。

2　× 電気の**良導体**であるかどうかは直接関係ない。

▶▶ 問題　本冊 P.48 〜 P.49　　51

▶▶正解 3

鉄鋼材料に関する問題である。

金属材料の中で最も多く使用されるのは、**鉄と炭素の合金である炭素鋼**（一般に、鉄鋼という）である。

鉄は炭素の含有量が多いほど硬さが増すと同時にもろくなり、少ないほど軟らかくなる。炭素の含有量により次のように分類される。

● **鉄鋼の分類**

名　称	錬鉄・練鉄	鋼	鋳　鉄
炭素量	0.04%以下	0.04%〜 1.7%	1.7%〜 6.7%

1 × ジュラルミンは、アルミニウムを主成分とし、銅、マンガン、マグネシウムを含む**アルミニウム合金**である。軽量で耐食性、塑性加工に優れ、導電率が高い。
2 × リン青銅は、銅を主成分とし、すず、リンを含む**銅合金**である。青銅に比べて鋳造が容易で、機械的性質もよく、耐食性もある。
3 ○ ステンレス鋼は、耐食性に優れる**合金鋼**の総称で、クロム又はクロムとニッケルを含む**鉄鋼材料**である。炭素量は、1.2% 以下である。
4 × 砲金は、銅を主成分とし、すずを含む**銅合金**である。青銅ともいう。鋳造が容易で、摩耗・腐食に耐え、じん性に富むが、引張り強さは弱い。

構造・機能及び整備の方法（機械）

問16

▶▶ **正解 2**

内容積 100cm³ を超える加圧用ガス容器に関する問題である。（規第 25 条）

1 ○ 内容積 100cm³ を超える加圧用ガス容器で本体容器の内部に設けるものの外面は、**消火薬剤に侵されないもの**でなければならない。

2 × 内容積 100cm³ を超える加圧用ガス容器で二酸化炭素を充てんするものの場合、その内容積は、充てんする液化二酸化炭素 1g につき、2.0cm³ ではなく、**1.5cm³ 以上**でなければならない。

3 ○ 内容積 100cm³ を超える加圧用ガス容器で本体容器の外部に設けるものは、**外部の衝撃から保護**されていなければならない。

4 ○ 内容積 100cm³ を超える加圧用ガス容器は、充てんするガス（二酸化炭素、窒素ガス）にかかわらず、所定の水圧試験において**漏れを生じて**はならない。

問17

▶▶ **正解 4**

蓄圧式強化液消火器等の蓄圧力に関する問題である。

1 ○ 蓄圧式強化液消火器の容器の蓄圧力は、おおむね **0.7MPa 以上 0.98MPa 以下**である。高圧ガス保安法では、**35℃で 1MPa 以上**の圧力になる容器を対象としているので、その適用を受けないように **40℃ で 0.98MPa を上限**としている。

2 ○ ハロン 1301 消火器は高圧ガス保安法の適用を**受ける**。圧力源として窒素ガスを使用しているため、消火器外面の **2 分の 1 以上をネズミ色**に仕上げなければならない。二酸化炭素消火器も適用を受け、消火器外面の **2 分の 1 以上を緑色**に仕上げなければならない。

3 ○ 蓄圧式強化液消火器の容器は、蓄圧力が **40℃で 0.98MPa を上限**としているため、高圧ガス保安法の適用を**受けない**。

●消火器に施す塗装

消火器

外面の 25%以上を赤色に塗装

高圧ガスを用いる消火器

表面積の 2 分の 1 以上を
ガスの種類に応じた色に塗装

液化炭酸ガス：緑色

ハロン（フロン）ガス：ネズミ（灰）色

4 × 消火器容器の蓄圧力は、ボイル・シャルルの法則に従い、容積を一定と考えれば、蓄圧力は一定ではなく**絶対温度に比例**する。例えば、強化液消火器の使用温度範囲を－ 20℃以上 40℃以下とすると、40℃で 0.98MPa であるから、－ 20℃では約 0.7MPa である。

問 18   ▶▶正解 4

強化液消火器に関する問題である。

1 ○ 強化液消火器には、**加圧式**と**蓄圧式**があり、**加圧式**は大型消火器に用いられる。また消火薬剤には強アルカリ性のものと中性のものがある。
2 ○ 蓄圧式強化液消火器の使用圧力範囲は、**0.7MPa 以上 0.98MPa 以下**で、他の蓄圧式消火器と同じである。
3 ○ 強化液消火器の主な消火作用は、**冷却作用**と**抑制作用**で、**霧状**放射のものは、普通火災、油火災、電気火災のすべてに適応する。
4 × 強化液消火薬剤の凝固点は－ **20**℃で寒冷地に強く、強化液消火器の使用温度範囲は、－ **20**℃以上 40℃以下に拡大されている。

●強化液消火器の構造

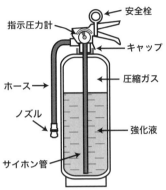

強化液消火器
(A、B、C)(C)は霧状に放射する場合
冷却作用　抑制作用

安全栓
指示圧力計
キャップ
ホース→
圧縮ガス
ノズル
強化液
サイホン管

問 19　　　　　　　　　　　　　　　▶▶ **正解** 4

二酸化炭素消火器の使用・設置に関する問題である。

1 ○ 二酸化炭素消火器の消火薬剤である二酸化炭素は、空気中にごくありふれた物質で、その有毒性が問題となることはまずないが、**空気中の二酸化炭素濃度が高くなると危険**（最悪の場合は二酸化炭素中毒で死に至る）なので吸わない。

2 ○ 二酸化炭素消火器の使用温度範囲は **0℃以上 40℃以下** であり、著しく高温（40℃超）の場所への設置には適さない。

3 ○ 二酸化炭素消火器は、換気について有効な開口部の面積が床面積の **30 分の 1 以下**で、その床面積が **20m² 以下**の居室、**地階又は無窓階**には設置が禁止されている。（**則第 11 条**）

4 × 二酸化炭素消火器は、蓄圧式ではあるが指示圧力計は設けられていない。ガス量の点検は、圧力計ではなく、**総質量を秤量**して消火薬剤量が許容範囲内にあるかどうかにより確認する。

第3回 [筆記]

　機器点検のうち、消火器の内部及び機能に係る点検の実施項目に関する問題である。

1　×　化学泡消火器は、全数ではなく、**全数の10%以上**について放射試験を実施しなければならない。放射試験を全数について実施しなければならない消火器はない。
2　○　加圧式水消火器は、**全数の10%以上**について放射試験を実施しなければならない。蓄圧式水消火器の場合は、**抜取り数の50%以上**が放射試験の実施対象となる。
3　○　粉末消火器は、加圧方式に関わらず、**抜取り数の50%以上**について放射試験を実施しなければならない。
4　○　蓄圧式強化液消火器は、**抜取り数の50%以上**について放射試験を実施しなければならない。加圧式強化液消火器の場合は、**全数の10%以上**が放射試験の実施対象となる。

▶▶ 別冊1　13頁「機器点検の実施項目」参照

消火器の使用済表示装置及び安全栓の点検に関する問題である。

1　○　蓄圧式消火器で、使用済表示装置がなく、安全栓が脱落しているものは、消火器の**内部及び機能に係る点検**を行う。
2　×　粉末消火器で安全栓が脱落していても、**使用済表示装置**に異常がないものは交換の必要はなく、消火器の内部及び機能に係る点検も不要である。
3、4　×　ハロン1301消火器及び二酸化炭素消火器は、内部及び機能に係る点検が必要な消火器から**除外**されている。どちらの消火器も**外形点検**において、消火薬剤量（質量）を計ることによりガス質量の確認を行う。

問22

蓄圧式強化液消火器の薬剤充てんに用いる器具に関する問題である。

標準圧力計は、指示圧力計の精度の点検に用いられる。薬剤充てん用の器具ではない。したがって、**1**が誤りである。

●器具の用途

名　称	用　途
標準圧力計	**指示圧力計**の精度の点検に用いられる。
圧力調整器	**高圧（1次側圧力）の充てんガスの圧力を調整し、消火器の内圧（2次側圧力）まで下げる。**
継手金具 （カプラ継手ともいう）	蓄圧ガスの充てん時に圧力調整器と消火器を**接続**する器具である。一方はネジで**消火器**のホース接続部に、他方はカプラ継手で**圧力調整器**からのホースに結合させる。
ろうと	消火薬剤を本体容器に**充てん**するときに用いられ、ガス系消火薬剤以外のすべてに対応する。

問23

化学泡消火器（転倒式）の点検（分解）に関する問題である。

1 ○ 分解する前に、容器内に圧力が**残されていないか**注意しなければならない。残圧による破裂、部品の飛び散り等の事故を防止するため、キャップを外す際は、必ず**排圧作業**を行わなければならない。
2 ○ 消火薬剤が密閉されていないので、**30度以上傾ける**と内筒用薬剤と外筒用薬剤が混じり化学反応を起こしてしまうため、本体容器の点検時には傾けてはならない。
3 × キャップを緩めるには、**木製のてこ棒**を用いる。キャップは合成樹脂製なので固い金属製のてこ棒は使用してはならない。
4 ○ 消火薬剤を移す前に、内筒、外筒の消火薬剤の量を**液面表示**により確認する。

問 24

消火器とその点検・整備に用いる器具の対応に関する問題である。

●器具の用途

名　称	用　途
クランプ台	容器本体を固定するために用いられ、二酸化炭素消火器、ハロゲン化物消火器以外のすべてに対応する。
キャップスパナ	キャップの開閉に用いられ、二酸化炭素消火器以外のすべてに対応する。
ろうと	液体又は粉末の消火薬剤の充てんに用いられ、二酸化炭素消火器、ハロゲン化物消火器以外のすべてに対応する。
標準圧力計	蓄圧式消火器の内圧の測定に用いられる。
メスシリンダ	液体消火薬剤の比重測定、性状点検時に用いられる。

したがって、条件を満たすのは、**3** の**蓄圧式強化液消火器**である。

化学泡消火器のキャップは、キャップスパナではなく、**木製のてこ棒**で開閉する。

●化学泡消火器のキャップのはずし方

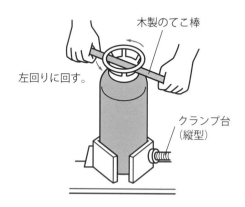

木製のてこ棒

左回りに回す。

クランプ台
(縦型)

キャップハンドルに**木製のてこ棒**を挿入して左回りに回す。キャップは合成樹脂製なので、傷めないように金属製の棒や工具は使用しない。

構造・機能及び整備の方法（規格）

問 25 ▶▶正解 2

自動車用消火器に関する問題である。

1、3、4 ○ 二酸化炭素消火器、ハロン 1301 消火器、粉末消火器は、自動車に設置できる消火器である。
2 × 化学泡消火器は、転倒すると薬剤が放射されるため、自動車に設置できない。

　自動車用消火器として、上記以外にも、強化液消火器（霧状放射）、機械泡消火器が指定されているが、振動試験に合格する必要がある。

問 26 ▶▶正解 2

消火器の適応火災に関する問題である。

●火災の分類

火　災	説　　明
A（普通）火災	木材、紙、繊維などが燃える火災
B（油）火災	石油類、その他の可燃性液体類、可燃性固体類などが燃える火災
C（電気）火災	電気設備のショートなどが原因の火災

A（普通）火災

B（油）火災

C（電気）火災

1 ○ **霧状放射**の強化液消火器は、A・B・C 火災に適応できる。
2 × 機械泡消火器は、A・B 火災に適応できる。C 火災には適応できない。
3 ○ 粉末消火器は、、A・B・C 火災に適応できるものがある。A 火災には粉末（ABC）消火器が適応できる。
4 ○ 化学泡消火器は、A・B 火災に適応できる。C 火災には適応できない。

▶▶ 別冊 1　11 頁「消火薬剤の消火作用と適応火災」参照

問 27 ▶▶**正解** 4

消火薬剤の表示に関する問題である。

消火薬剤の容器又は包装には、**品名**、充てんされるべき消火器の**区別**、消火薬剤の**容量又は質量**、**充てん方法**、取扱い上の**注意事項**、**製造年**、**製造者又は商標**、及び**型式番号**を表示しなければならない。

消火薬剤の成分を示した化学式は、表示しなければならない事項ではないため、4 が誤りである。

問 28 ▶▶**正解** 4

消火器の放射性能に関する問題である。(規第 10 条)

1 ○ 消火器は、放射の操作が完了した後**すみやかに**消火剤を**有効に**放射するものでなければならない。
2 ○ 消火器の放射時間は、温度 20℃において **10 秒以上**でなければならない。
3 ○ 放射距離は、消火に**有効な距離**を有するものでなければならない。
4 × 放射量は、充てんされた消火剤の容量又は質量の **90％**（化学泡消火薬剤にあっては、**85％**）以上の量を放射できるものでなければならない。

▶▶ 別冊 1　10 頁「消火器の放射性能」参照

問 29

▶▶ **正解** 1

消火器のろ過網に関する問題である。(規第 17 条)

1 × **すべての消火器**にろ過網を設ける必要はない。液体の消火薬剤を使用する消火器においては、薬剤中のゴミ等によるホース、ノズルの**目詰り**を防止するためろ過網を設ける。現在製造されているものは**化学泡消火器**のみである。
2 ○ ろ過網は、ノズル又はホースに通ずる薬剤導出管（薬剤導出管のない消火器の場合はノズル）の本体容器内における**開口部**に設ける。
3 ○ ろ過網の目の最大径は、ノズルの最小径の **4 分の 3 以下**でなければならない。
4 ○ ろ過網の目の部分の合計面積は、ノズル開口部の最小断面積の **30 倍以上**でなければならない。

問 30

▶▶ **正解** 1

手さげ式消火器の安全栓に関する問題である。(規第 21 条)

1 × 安全栓は、内径が **2cm 以上**のリング部、軸部及び軸受部より構成されていること。
2 ○ 装着時において、安全栓のリング部は、軸部が貫通する上レバーの穴から**引き抜く方向**に引いた線上にあること。
3 ○ リング部の塗色は、**黄色仕上げ**とすること。
4 ○ 安全栓は、**上方向**（消火器を水平面上に置いた場合、垂直軸から **30 度以内**の範囲をいう。）に引き抜くよう装着されていること。

鑑別等

問１

化学泡
①

加圧式粉末
②

二酸化炭素
③

$\frac{1}{2}$以上が
緑色
（編集部注記）

正解

1	②	2	①	3	①	4	②、③

消火器の構造及び特徴に関する問題である。

1 　ガス導入管は、**加圧式の粉末消火器**に必要な部品で、加圧用ガスを本体
容器内に導入する。

2 　ろ過網は、**化学泡消火器**に必要な部品で、薬剤放出の際消火剤の中にで
きたかたまりによる**目詰り**を防止する。（規第 17 条）

3 　液面表示は、**化学泡消火器**に必要な表示で、本体容器内面に充てんされ
た**消火剤の液面**を示す。（規第 18 条）

4 　C（電気）火災に適するものは、電気絶縁性が劣る泡消火薬剤を使用し
た①の**破がい転倒式化学泡消火器**を除く、②の**ガス加圧式粉末消火器**、及
び③の**二酸化炭素消火器**である。

▶▶ 別冊１　11 頁「消火薬剤の消火作用と適応火災」参照

問2

正解

1	クランプ台とキャップスパナ
2	・容器内の残圧を排圧する。 ・消火器をクランプ台に確実に固定する。 ・キャップスパナは適正なものを使う。 以上のうち1つ

分解作業に関する問題である。

1 分解作業に使用する器具は、**クランプ台とキャップスパナ**である。
2 分解作業における留意事項は次のとおりである。
   ・消火器容器内には圧力が残っていることがあるので、破裂等の事故を防止するため、分解に先立ち、**内圧を完全に放出する**。
   ・消火器のキャップは固く締められており緩めるために強い力が必要になるので、消火器が動かぬよう**クランプ台**で確実に固定する。
   ・消火器のキャップは特殊な形状をしているので、作業する消火器に適した専用の**キャップスパナ**を使用する。

問3

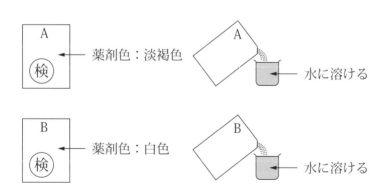

A 薬剤色：淡褐色　水に溶ける

B 薬剤色：白色　水に溶ける

第3回 [実技]

1	化学泡消火器
2	A 剤の水溶液は外筒に入れ、B 剤の水溶液は内筒に入れる。
3	消火器をひっくりかえし（転倒させ）て外筒と内筒の水溶液を反応させる。

消火薬剤に関する問題である。

1 A 剤は淡褐色の**炭酸水素ナトリウム**を主成分とした粉末薬剤で、B 剤は白色の**硫酸アルミニウム**を主成分とした粉末薬剤である。これら 2 つの薬剤の水溶液を用いる消火器は**化学泡消火器**である。

2 A 剤、B 剤を消火器に充てんする方法は次のとおりである。
　A 剤は、バケツに入れた外筒液面表示の **8 割程度**の量の水に少しずつ入れながらかきまぜ水溶液を作り**外筒**に注ぎ入れる。液面表示に達しない分は水を補充する。
　B 剤は、バケツに入れた内筒の **5 割程度**の量の水に少しずつ入れながらかきまぜ水溶液を作り**内筒**に注ぎ入れる。液面表示に達しない分は水を補充する。

3 A 剤、B 剤を消火器として用いる場合の使用方法は、容器を**ひっくりかえして（転倒させて）**内筒と外筒の薬剤を反応させ、反応により発生する二酸化炭素を含む泡を放射する。

問4

正解

1	作業目的は、本体容器内、ノズル、ホース、サイホン管、バルブなどに付着している粉末薬剤の清掃及びサイホン管から窒素ガスを送りホース・ノズルに至る通気の確認である。
2	作業順序は、①レバーを握りバルブを開放する、②サイホン管端部にエアーガンを押し付け圧縮空気を送り込む、③ノズルから勢いよく空気が噴き出すことを確認する、である。
3	作業上の留意事項は、サイホン管からホース・ノズルまでの窒素ガスの通り道を開けるため、①粉上り防止用封板、ノズル栓を外す、②安全栓を外しレバーを握りバルブを開ける、である。

問 5

正解

1	2本	2	1本	3	1本	4	2本

1 建物（工場）としての必要本数は、次のように求められる。

①設置対象物が工場で延べ床面積が 150m² 以上の場合、算定基準面積は 100m² だが、主要構造部が**耐火構造**で内部が**不燃材料仕上げ**なので 200m²（＝算定基準面積× 2）となる。
②工場の床面積は、30m × 20m ＝ 600m² なので、必要な能力単位は 600m² ÷ 200m² ＝ 3〔単位〕となる。
③工場における火災は「建築物その他の工作物の火災」に区分されるので、**A（普通）火災**となる。設置する消火器の A 火災に対する能力単位は **2** なので必要な必要最小本数は 3 ÷ 2 ＝ 1.5、切り上げて **2 本**となる。
④小型消火器は、原則として歩行距離 **20m 以下**の位置に設ける必要があるが、歩行距離による規制は考慮しないものとするので、省略する。

2 少量危険物貯蔵所に必要な本数は、次のように求められる。

①少量危険物貯蔵所は貯蔵する少量危険物の数量を指定数量で割った値以上の能力単位の消火器具を設けなければならない。
②ガソリンの指定数量は 200L なので、必要能力単位は、80L ÷ 200L ＝ 0.4、切り上げて **1 単位**以上となる。
③適応火災は **B（油）火災**だが、設置する消火器の B 火災に対する能力単位は **2** なので必要本数は **1 本**となる。

3 附加設置の設備（電気設備）に必要な本数は、次のように求められる。

①変電設備室は、床面積 **100m²** ごとに **1 個**の**電気火災**に適応した消火器具を設けなければならない。
②消火器の必要本数は、（10m × 8m）÷ 100m² ＝ 0.8、切り上げて **1 本**となる。
③設置する消火器は **C 火災**に適応している。

4 附加設置の設備（多量の火気を使用する場所）に必要な本数は、次のように求められる。

①ボイラー室は、床面積 **25m²** ごとに **1 能力単位**の消火器具を設けなければならない。
②必要能力単位は、（10m × 10m）÷ 25m² ＝ 4 単位以上となる。
③ボイラー室における火災は「建築物その他の工作物の火災」に区分され **A（普通）火災**となる。設置する消火器の A 火災に対する能力単位は **2** なので必要本数は、4 単位÷ 2 単位＝ **2 本**、となる。

▶▶ 問題　本冊 P.57

消防関係法令（共通）

問1

▶▶正解4

　屋外における火災の予防措置（措置命令）に関する問題である。（**法第3条**）
　命令権者（必要な措置を命ずる者）は、火災の予防又は消防活動の障害に対して除去等必要な措置を命ずることができる。

●命令権者と受命者

命令権者		受命者
①消防長（消防本部を置かない市町村においては市町村長） ②消防署長 ③消防吏員	**火災の予防や必要措置の命令** ➡	①行為者 ②物件の所有者、管理者又は占有者で権原を有する者

◆命令権者の命令事項

①火遊び、喫煙、たき火、火を使用する設備や器具の使用、使用に際し火災の発生のおそれのある設備や器具の使用、その他これらに類する行為の禁止・停止・制限、又はこれらの行為を行う場合の消火準備 ②残火、取灰、又は火粉の始末 ③危険物等の除去その他の処理 ④放置された物件の整理又は除去

　受命者が不明な場合は、命令権者は**消防職員**（消防本部を置かない市町村では**消防団員**）に除去その他の処理を行わせることができる。除去した物件は保管しなければならない。なお、命令に従わなかった者は、**30万円以下**の罰金又は拘留に処される。
　したがって、**4**が誤りである。**消防団員や消防設備士**には、必要な措置を命ずる権限が与えられていない。

問2

▶▶**正解2**

統括防火管理に関する問題である。

統括防火管理が必要なものは次に示す防火対象物で管理権原が分かれているものである。(**法第8条の2、令第3条の3**)

◆**統括防火管理が必要な防火対象物**

①高層建築物（高さ31mを超えるもの）
②地下街（(16の2)項）で消防長又は消防署長が指定するもの
③(6)項ロ及び(16)項イ（(6)項ロの用途が存するもの）で、地階を除く階数が3以上で収容人員が10人以上のもの
④特定防火対象物（前項③及び準地下街を除く）で地階を除く階数が3以上で収容人員が30人以上のもの
⑤(16)項ロ（特定用途を含まない）で、地階を除く階数が5以上で収容人員が50人以上のもの
⑥準地下街（(16の3)項）

1 × 地下街で消防長又は消防署長が指定していないものは、統括防火管理は必要ない。
2 ○ 高さ**31mを超える**建築物は統括防火管理が必要である。
3 × 2階建ての大規模な小売店舗で延べ面積が10,000m² のものは、上記①～⑥のいずれにも該当せず、統括防火管理は必要ない。
4 × 特定用途のない（マンションと事務所はいずれも非特定用途である。）複合用途防火対象物において、地階を除く階数が4のものは、統括防火管理は必要ない。

▶▶ 別冊1 6頁「令別表第1と消火器の設置基準」参照

問3

▶▶**正解2**

消防用設備等の設置・維持における設置単位に関する問題である。

同一の建築内で、**開口部のない耐火構造の床又は壁で区画されている場合**、区画された部分は設置及び維持の技術上の基準の規定の適用については、それぞれ別の防火対象物とみなされる。(**令第8条**)

したがって、**2**が正しい。

問 4

消防用設備等又は特殊消防用設備等の点検結果の報告に関する問題である。（**法第 17 条の 3 の 3、則第 31 条の 6**）

1 × 小学校（（7）項）は、非特定防火対象物なので**3 年に 1 回**点検結果を報告する。
2 × 工場（（12）項イ）、倉庫（（14）項）は、非特定防火対象物なので、面積に関係なく、**3 年に 1 回**点検結果を報告する。
3 × マーケット（（4）項）は、特定防火対象物なので、面積に関係なく、**1 年に 1 回**点検結果を報告する。
4 ○ 飲食店（（3）項ロ）は、特定防火対象物なので、面積に関係なく、1 年に 1 回点検結果を報告する。

▶▶ 別冊 1　6 頁「令別表第 1 と消火器の設置基準」参照

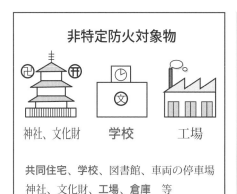

非特定防火対象物

神社、文化財　　学校　　工場

共同住宅、**学校**、図書館、車両の停車場
神社、文化財、**工場**、**倉庫**　等

点検結果の報告は、**3 年に 1 回**

特定防火対象物

病院　　ホテル　　飲食店

映画館、カラオケボックス、**飲食店**、
旅館、ホテル、病院、幼稚園、地下街　等

点検結果の報告は、**1 年に 1 回**

問 5

▶▶ 正解 4

消防用設備等の設置届出及び検査に関する問題である。

1 × 消防用設備等の設置を届け出て検査を受けるのは、防火対象物の**関係**

者（所有者、管理者、占有者）である。（**法第 17 条の 3 の 2**）

2 × 防火対象物の関係者は、工事が完了した□から **4 日以内**に消防長（市町村長）又は消防署長に届け出なければならない。設置工事に着手する 10 日前までに届け出るのは**着工届**である。（**則第 31 条の 3 第 1 項**）

3 × 映画館（（1）項イ）は、延べ面積が **300m² 以上**の場合に検査を受けなければならない。（**令第 35 条第 1 項**）

4 ○ 設置した消防用設備等が設置等技術基準に適合していると認められる場合、検査した消防長（市町村長）又は消防署長は**検査済証**を交付する。（**則第 31 条の 3 第 4 項**）

問 6 ▶▶**正解 3**

消防の用に供する**機械器具等の検定**に関する問題である。

◆**検定対象となる消防の用に供する機械器具等**（法第 21 条の 2、令第 37 条）

①消火器、消火器用消火薬剤（二酸化炭素を除く）
②泡消火薬剤（水溶性液体用のものを除く）
③火災報知設備の感知器、発信機
④火災報知設備・ガス漏れ火災警報設備の中継器、**受信機**
⑤住宅用防災警報器
⑥閉鎖型スプリンクラーヘッド
⑦流水検知装置
⑧一斉開放弁（大口径を除く）
⑨金属製避難はしご
⑩緩降機

なお、**自主表示対象機械器具**等についても同様の販売、工事に係る制限がある。（**法第 21 条の 16 の 2**）

　自主表示対象機械器具等とは、検定対象機械器具等のうち政令で定めるものであり、**動力消防ポンプ、消防用ホース、消防用吸管**等がこれに該当する。

1 ○ 火災報知設備の**受信機**は、検定対象機械器具等である。（上記④）
2 ○ **消火器用消火薬剤**は、検定対象機械器具等である。（上記①）
3 × 非常警報設備のうち**放送設備**は、検定対象機械器具等ではない。
4 ○ **緩降機**は、検定対象機械器具等である。（上記⑩）

第 4 回 ［筆記］

消防関係法令（類別）

問7 ▶▶正解3

消火器具の設置が必要な防火対象物は、設置基準面積により、延べ面積に**関係ないもの**、延べ面積 **150m² 以上**、延べ面積 **300m² 以上**の３区分がある。（令第10条第1項）

1 × 百貨店（（4）項）は、延べ面積 **150m² 以上**で消火器具の設置が必要になる。

2 × 幼稚園（（6）項ニ）は、延べ面積 **150m² 以上**で消火器具の設置が必要になる。

3 ○ 養護老人ホーム（（6）項ロ）は、延べ面積に**関係なく**消火器具の設置が必要になる。

4 × 図書館（（8）項）は、延べ面積 **300m² 以上**で消火器具の設置が必要になる。

▶▶ 別冊1 ６頁「令別表第1と消火器の設置基準」参照

問8 ▶▶正解3

大型消火器以外の消火器具に必要とされる能力単位は、延べ面積を能力単位算出基準面積で除した値以上の数値とされている。主要構造部を**耐火構造**とし内装を**難燃材料等**で仕上げた場合には、能力単位算出基準面積は**２倍**の数値となる。（則第6条第2項）

1 × 幼稚園（（6）項ニ）の場合の算出基準面積は **100m²** である。**木造**なので２倍の 200m² にはならない。

2 × 集会場（（1）項ロ）の場合の算出基準面積は **100m²** である。ただし、主要構造部を耐火構造とし内装が難燃材料等で仕上げられているため、算出基準面積は２倍の **200m²** となる。50m² ではない。

3 ○ 旅館（（5）項イ）の場合の算出基準面積は**100m²**である。

4 × 飲食店（（3）項ロ）の場合の算出基準面積は**100m²**である。主要構造部を**耐火構造**とし内装を**難燃材料等**で仕上げてはいないので、2倍の**200m²**にはならない。

問9　　　　　　　　　　　　　　　　　　　▶▶**正解** 1

危険物貯蔵所に消火設備を設置する際、危険物の貯蔵量に対して設置の基準となる1所要単位は、危険物の指定数量の**10倍**である。**（危則第30条）**

外壁が**耐火構造**の建築物その他の工作物に対しては、1所要単位は次の通りである。外壁が耐火構造以外の場合は、1所要単位に対応する延べ面積は**2分の1**になる。

◆1所要単位

> 製造所：延べ面積100m² = 1所要単位
> 取扱所：延べ面積100m² = 1所要単位
> 貯蔵所：延べ面積150m² = 1所要単位

問10　　　　　　　　　　　　　　　　　　▶▶**正解** 3

消火器設置禁止場所についての問題である。

二酸化炭素消火器の設置が禁止されている地階、無窓階又は居室の条件は、換気について有効な開口部の面積は床面積の**30分の1以下**で、その床面積が**20m²以下**である。**（則第11条）**

機械に関する基礎的知識

▶▶正解 4

問 11

力のモーメント（回転力）に関する問題である。

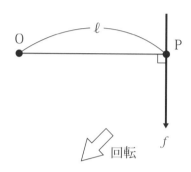

物体に O を中心として距離 ℓ の P 点に f の力を加えると、物体は右回りに回転する。

①この回転する力（回転力＝**力のモーメント**という）は、距離 ℓ を一定にすると加わる力 f の大きさに**比例**する。

②また、回転力は、f を一定にすると ℓ の長さに**比例**する。

③結局、回転力は、$f \times \ell$ に**比例**する。

1　○　上記①の記述内容である。

2　○　上記②の記述内容である。

3　○　上記③の記述内容である。

4　×　回転力は、$f \times \ell$ に**比例**する。（上記③）

問 12

▶▶正解 3

応力に関する問題である。

応力とは、物体に力が加わるとき、物体内部に発生する**抵抗力**をいう。応力は、物体に加わる力に対して**正反対**の方向に働く。

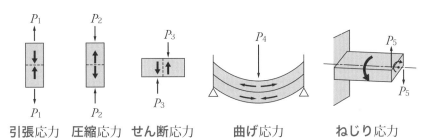

引張応力　　圧縮応力　せん断応力　　　曲げ応力　　　　　ねじり応力

◆**応力の種類**

①**引張応力**　：引張力 P_1 に抵抗する力
②**圧縮応力**　：圧縮力 P_2 に抵抗する力
③**せん断応力**：せん断力 P_3 に抵抗する力
④**曲げ応力**　：曲げ荷重 P_4 に抵抗する力
⑤**ねじり応力**：ねじり力 P_5 に抵抗する力

　したがって、**3** の「**応力は外力と同じ方向である。**」が誤りである。応力は、外力と**正反対**の方向に働く。

問13　　　　　　　　　　　　　　　　　　　　▶▶**正解 1**

　摩擦力に関する問題である。
　静止している物体を動かそうとすると、接触面には動かす力とそれとは逆向きの力が働く。この逆向きの力を**摩擦力**という。
　次の図において、物体が接触面に作用する力を N とすると、動かす力 F が小さいときは反対方向の摩擦力 f により物体は静止している。

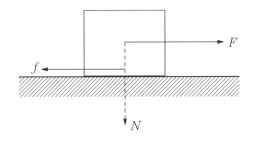

第4回

[筆記]

物体が滑り出す時の摩擦力を**最大摩擦力**といい、この時に必要な力（最大摩擦力）Fと物体が接触面に作用する力（物体の重量）Nは、次式で表される。

$$F = \mu N$$

μは接触面の**摩擦係数**といい、単位体積当たりの重量と**接触面の状態**（表面形状）で決まる一定値である。粗いほど大きく、滑らかなほど小さい。

したがって、**1 の接触面の状態**が正しい。

問 14

▶▶正解 2

水の圧力を求める計算問題である。

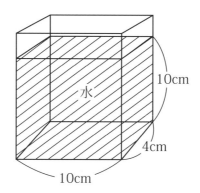

圧力とは**単位面積**に加わる力のことであり次式により表される。

$$p = \frac{P}{A}$$

p：圧力〔N/m²〕（〔N/m²〕＝〔Pa〕）
P：力〔N〕
A：面積〔m²〕

水の重さは、1m³ 当たり 9,800N である。
水の容積は、10〔cm〕× 4〔cm〕× 10〔cm〕＝ 400〔cm³〕であることから、水の重さは次のように求められる。
$P = 0.1$〔m〕× 0.04〔m〕× 0.1〔m〕× 9,800〔N/m³〕＝ **3.92**〔N〕

式に力（＝重さ）と底面積を代入すると、圧力は次のように求められる。

$$p = \frac{3.92 \,[\text{N}]}{0.1\,[\text{m}] \times 0.04\,[\text{m}]} = \frac{3.92\,[\text{N}]}{0.004\,[\text{m}^2]} = 980\,[\text{N/m}^2] = 980\,[\text{Pa}]$$

したがって、**2** の **980 [Pa]** が正しい。

なお、上記の2つの式から、結局、底面の面積は関係ないことがわかるので、高さのみを考慮し、次のように求めてもよい。

$$p = 0.1\,[\text{m}] \times 9,800\,[\text{N/m}^3] = 980\,[\text{N/m}^2] = 980\,[\text{Pa}]$$

問15 ▶▶正解 2

合金の組み合わせに関する問題である。

金属に**他の元素**を含ませたものを**合金**という。通常、金属材料は単体としてではなく合金として使用される。合金は、元の金属に比べて次の性能が向上する。

◆合金の性質

> ①元の金属より**硬く**なる。
> ②元の金属より融点が**低く**なる。
> ③元の金属より電気伝導率が**小さく**なる。
> ④元の金属より熱伝導率が**小さく**なる。
> ⑤元の金属より化学的に**安定**する。

1 ○ 炭素鋼は**鉄**と**炭素**の合金である。金属材料の中で最も多く使用され、通常は**鉄鋼**と称される。炭素のほか微量のマンガン、ケイ素、リン、硫黄等の不純物を含んでいる。

2 × ステンレスは**鉄**と**クロム**と**ニッケル**の合金である。銅とニッケルとマンガンを主成分とする合金は、**マンガニン**である。

3 ○ 青銅は**銅**と**すず**の合金である。砲金ともいう。

4 ○ 黄銅は**銅**と**亜鉛**の合金である。真ちゅうともいう。

▶▶ 問題 本冊 P.65

構造・機能及び整備の方法（機械）

問16

▶▶正解 1

指示圧力計を設けなければならない消火器に関する問題である。

蓄圧式の消火器（二酸化炭素消火器及びハロン1301消火器を除く）は、容器内の圧力を確認できるよう、**指示圧力計**を設けなければならない。(規第28条)

1 ○ **蓄圧式**粉末消火器は、**蓄圧式**であるため、指示圧力計を設けなければならない。指示圧力計を備える消火器としては、ほかに水（浸潤剤入り）消火器、機械泡消火器及び蓄圧式強化液消火器がある。
2 × 加圧式粉末消火器は、**蓄圧式**ではないため、指示圧力計を設けなくてよい。
3 × 二酸化炭素消火器は、**蓄圧式**であるが、指示圧力計を**設けなくてよい**。
4 × 化学泡消火器は、**反応式（加圧式）**であり、**蓄圧式**ではないため、指示圧力計を設けなくてよい。

> ▶▶ 別冊1　10頁「消火薬剤及び加圧方式による区分」参照

問17

▶▶正解 1

強化液消火器に関する問題である。

1 × 強化液消火器（霧状放射）による消火効果は、**冷却作用**により**A（普通）火災**に適応するのに加え、負触媒効果による**抑制作用と霧状放射**により**B（油）火災及びC（電気）火災**にも適応する。
2 ○ 強化液消火器の使用温度範囲は、**0℃以上40℃以下**と規定されているが、実用面では**−20℃以上40℃以下**に拡大されたものが製造されている。なお、10℃単位で正常動作が可能な場合、使用温度範囲を広げることができる。（規第10条の2）
3 ○ 強化液消火器の消火効果は、**冷却作用**、及び負触媒効果による**抑制作用**がある。
4 ○ 蓄圧式の強化液消火器の蓄圧ガスは、**圧縮空気又は窒素ガス**である。

76

二酸化炭素は、水に溶解する性質を持つため**水系**の消火器には適さない。なお、強化液消火器の構造については、次の問18を参照のこと。

▶▶ 別冊1　10頁「消火器の放射性能」及び11頁「消火薬剤の消火作用と適応火災」参照

問18　　　　　　　　　　　　　　　　　▶▶正解 2

化学泡消火器に関する問題である。

1　○　化学泡消火器は、外筒と内筒の2種類の水溶液の化学反応により**二酸化炭素（CO_2）**を発生させ、その圧力により泡を放射する。
2　×　化学泡消火器では、外筒液として**アルカリ性のA剤**（炭酸水素ナトリウムを主成分とした薬剤）の水溶液が、内筒液として**酸性のB剤**（硫酸アルミニウム）の水溶液が各々充てんされている。
3　○　化学泡消火器は、放射の仕組みが化学反応によるため、低温（5℃未満）の状態では発泡性能の低下による性能劣化が生じる。化学泡消火器の使用温度範囲は、**5℃以上40℃以下**と規定されている。（規第10条の2）
4　○　化学泡消火器の放射時間は、20℃において**10秒以上**でなければならない。（規第10条）

●強化液消火器と化学泡消火器の構造

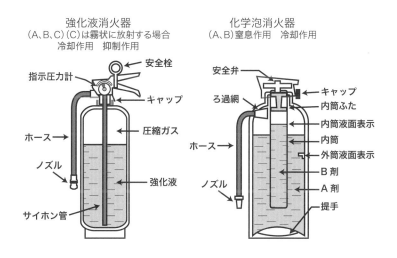

強化液消火器
(A、B、C)(C)は霧状に放射する場合
冷却作用　抑制作用

安全栓
指示圧力計
キャップ
ホース
圧縮ガス
ノズル
強化液
サイホン管

化学泡消火器
(A、B)窒息作用　冷却作用

安全弁
ろ過網
キャップ
内筒ふた
内筒液面表示
内筒
外筒液面表示
B剤
A剤
提手
ホース
ノズル

第4回
[筆記]

▶▶ 問題　本冊 P.66　　77

▶▶**正解 2**

二酸化炭素消火器に関する問題である。

1 ○ 二酸化炭素消火器は、液化二酸化炭素を消火薬剤としているため高圧ガス保安法の適用を受け、その本体容器は、高圧ガス保安法の**耐圧試験**に合格したものでなければならない。

2 × 二酸化炭素消火器は、消火器として容器外面の**25%以上を赤色**に塗装するとともに、容器外面の**2分の1以上を緑色**に塗装しなければならない。黒色の塗装は、容器に酸素ガスが充てんされていることを示す。

3 ○ 二酸化炭素消火器の消火作用は、気体の二酸化炭素として、**窒息作用**により消火する。

4 ○ 二酸化炭素消火器は、**窒息作用**により**B（油）火災**に適応し、また、薬剤は電気の**不良導体**であるため**C（電気）火災**にも適応する。

問20

▶▶**正解 2**

消火器の機器点検のうち、内部及び機能に係る点検に関する問題である。

1 ○ 消火器の本体容器の点検は、**照明器具を本体容器内に挿入**して行い、裏面等の見にくい箇所は**反射鏡**を使って、腐食、防錆材料の脱落等がないことを確認する。

2 × 消火薬剤については、腐敗・変色等の**性状**と薬剤量の確認が必要であり、薬剤量を質量で表示しているものは、液面表示ではなく、**秤量**により確認する。

3 ○ 加圧用ガス容器は、**目視**により、変形、損傷、著しい腐食がなく、封板に損傷がないことを確認し、容器の構造とガスの種類に応じて、容器総質量やガス内圧を測定する。

4 ○ ホースは取り外して、ホース及びホース接続部につまり等がないことを**目視**により確認する。つまりがあるものは清掃する。

問 21 ▶▶ 正解 2

消火器の指示圧力計の点検、整備に関する問題である。

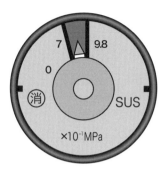

1 ○ 指針が緑色の下限より下がっている
ものは、一部使用が疑われるので、消
火器の総質量を計り**消火薬剤量**を確認
する。

2 × 指針が緑色範囲を外れているものは、
何らかの異常があることを示しており、
消火器の内部及び機能に係る項目の点
検を行って、指示圧力計の精度を確認
する。異常がなければ**圧力調整**を行う。

3、4 ○ 指示圧力計の指針が腐食し固着しているもの、指示圧力計のガラ
スが破損し指針が変形しているものは、**指度不良・破損**として、そのま
ま指示圧力計を**取り替える**。

問 22 ▶▶ 正解 3

点検時の指示圧力計の読みの目的に関する問題である。

指示圧力計は、**蓄圧式**の消火器において、消火器容器内の圧力を表示する
もっとも重要な部品である。

1 × 指示圧力計は、加圧用ガス容器の圧力を示すものではない。加圧用ガ
ス容器は、**加圧式消火器**に用いられるものである。

2 × 指示圧力計は、消火器使用時に消火薬剤を噴出するときの圧力を示す
ものではなく、**消火器設置時の容器の内圧**を確認するためのものである。

3 ○ 指示圧力計の読みは、**消火器を設置している状態**で、**容器の内圧が常
に使用できる状態に維持されていること**を確認するためのものである。

4 × 指示圧力計は、消火薬剤の濃度を測定するものではない。液体消火薬
剤の濃度は、**メスシリンダ**、**比重浮秤**等を用いて測定する。

▶▶正解 4

ガス加圧式粉末消火器（開閉バルブ式）の通気試験に関する問題である。

ガス加圧式粉末消火器（開閉バルブ式）のバルブ部の点検は、**加圧用ガス容器**を取り外し、以下の順序で行う。

①清掃：除湿した**圧縮空気又は窒素ガス**を吹き付け、付着した粉末を清掃する。

②安全装置：安全装置の**セット・リセット**を繰り返しても確実に装着できることを確認する。

③レバー操作：レバーを握り、レバーが**円滑**に作動しカッターのストロークが十分であることを確認する。この操作を**繰り返し**行う。

④通気：レバーを握った**状態**でサイホン管から除湿した圧縮空気又は窒素ガスを送り、通気が良好であることを確認する。

したがって、**4**が誤りである。レバーを**握らない**とバルブは開かず、通気試験は行えない。

問 24

▶▶正解 1

化学泡消火器（転倒式）の薬剤の充てん方法に関する問題である。

1　×　薬剤は、直接消火器で溶解せず、**バケツ等**でよくかくはんして溶解する。
2　○　転倒式の化学泡消火器は、内筒、外筒をよく**水洗い**し、ろ過網・ホース・ノズルの流通部もよく**水を通し**清掃する。
3　○　外筒への薬剤充てんは、外筒液面表示の**8割程度**まで入れた水をバケツ等に移し、薬剤を注入してよくかくはんし溶解する。溶解液を外筒に戻し液面表示まで水を加える。
4　○　**充てん年月日**を明記した点検票を消火器に貼り付け、薬剤の有効期限を明確にするとともに、**維持台帳**にも記録しておく。

構造・機能及び整備の方法（規格）

問25 ▶▶正解4

大型消火器に関する問題である。（規第2条、第9条）

1 × 粉末消火器の場合、大型消火器の条件は薬剤の質量が20kg以上、及び能力単位がA火災で10以上又はB火災で20以上であるため、この消火器は大型消火器ではない。

2 × 強化液消火器の場合、大型消火器の条件は薬剤の容量が60L以上、及び能力単位がA火災で10以上又はB火災で20以上であるため、この消火器は大型消火器ではない。

3 × 二酸化炭素消火器の場合、大型消火器の条件は薬剤の質量が50kg以上、及び能力単位がA火災で10以上又はB火災で20以上であるため、この消火器は大型消火器ではない。

4 ○ 機械泡消火器の場合、大型消火器の条件は薬剤の容量が20L以上、及び能力単位がA火災で10以上又はB火災で20以上であるため、この消火器は大型消火器となる。

問26 ▶▶正解2

消火器の使用温度範囲に関する問題である。（規第10条の2）

一般的な消火器（化学泡消火器を除く）では下限値を拡大した（− 20℃、− 30℃で上限40℃）ものが製造されている。

1 ○ 粉末消火器の使用温度範囲は、0℃以上40℃以下である。
2 × 化学泡消火器の使用温度範囲は、5℃以上40℃以下である。
3 ○ 機械泡消火器の使用温度範囲は、0℃以上40℃以下である。
4 ○ 強化液消火器の使用温度範囲は、0℃以上40℃以下である。

第4回 ［筆記］

問 27

粉末消火薬剤の色、性状及び性能に関する問題である。

1 × りん酸塩類等の着色は、緑色系ではなく**淡紅色系**でなければならない。
2 ○ 薬剤は、呼び寸法 **180 マイクロメートル以下**の消火上有効な微細な粉末でなければならない。
3 ○ 薬剤は、シリコン樹脂等により防湿処理がされていて、水面に均一に散布した場合、**1 時間以内**に沈降しないものとする。
4 ○ 薬剤の主成分は、ナトリウム、カリウムの重炭酸塩その他の塩類やりん酸塩類、硫酸塩類その他**防炎性**のある塩類である。

問 28

消火器の放射性能（放射量）に関する問題である。（規第 10 条）

●消火器の放射性能

消火器 (消火薬剤)	放射性能		使用温度範囲	
	放射時間	放射量	規 格	実用面
水	10 秒以上 (20℃)	容量 / 質量 の 90%以上	0℃以上 40℃以下	－ 20℃以上 40℃以下
強化液			0℃以上 40℃以下	－ 20℃以上 40℃以下
化学泡		容量 / 質量 の 85%以上	5℃以上 40℃以下	5℃以上 40℃以下
機械泡		容量 / 質量 の 90%以上	0℃以上 40℃以下	－ 20℃以上 40℃以下
二酸化炭素			0℃以上 40℃以下	－ 30℃以上 40℃以下
粉末			0℃以上 40℃以下	－ 30℃以上 40℃以下

化学泡消火器の最低放射量は、充てんされた消火薬剤の質量又は容量の **85%**（化学泡消火薬剤以外は **90%**）以上の量を放射できることと規定されている。
したがって、**3** の **85%**が正しい。

問 29 ▶▶正解 2

消火器の液面表示に関する問題である。(規第 18 条)

化学泡消火器は、消火薬剤を入れた水溶液を充てんするので、本体容器の内面に充てんされた**薬剤の液面を示す**簡単で明瞭な表示を設けなければならない。液面表示は**化学泡消火器**に特有な表示で、**粉末消火器、機械泡消火器及び蓄圧式強化液消火器**は必要としない。

液面表示を必要とする消火器は、**2 の化学泡消火器**である。

●化学泡消火器の構造

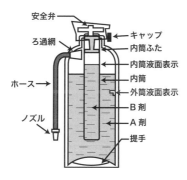

化学泡消火器
(A、B)窒息作用　冷却作用

安全弁
ろ過網
ホース→
ノズル
キャップ
内筒ふた
内筒液面表示
内筒
外筒液面表示
B 剤
A 剤
提手

問 30 ▶▶正解 3

消火器のキャップ、プラグ、口金に関する問題である。(規第 13 条)

1　○ キャップ又はプラグ及び口金には、その間に容易にはずれないように**パッキン**をはめ込む。

2　○ キャップ若しくはプラグ又は口金には、充てん又はその他の目的でキャップ又はプラグを外す途中に本体容器内の圧力を**完全に減圧する**ことができるように、**減圧孔又は減圧溝**を設ける。

3　× キャップ又はプラグは、減圧が完了するまでの間は、**本体容器内の圧力**に耐えることができなければならない。

4　○ キャップ又はプラグは、本体容器の耐圧試験を行った場合において、漏れを生ぜず、かつ、**著しい変形**を生じないこと。

第4回 [筆記]

～～～ 第4回 [実技] ～～～

鑑別等

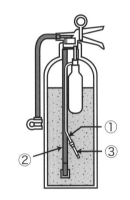

問1

正解

1		ガス加圧式（又は加圧式）
2	①	ガス導入管
	②	サイホン管
	③	逆流防止装置

消火器に関する問題である。

1　加圧方式は、**加圧ガス容器**から**ガス加圧式**だとわかる。反応式、または ガス加圧式を含めた総称として加圧式ともいう。

2　①の名称は**ガス導入管**で、消火器使用時に**加圧用ガス容器**からガスを本 体容器内の下部まで導入するための管である。噴出されたガスにより粉末 薬剤はときほぐされ、加圧される。

　②の名称は**サイホン管**で、消火器使用時に**粉末薬剤**をホース・ノズルに 送り込むための管である。その先端には薬剤の詰りを防止するために粉上 り防止用封板が装着されている。

　③の名称は**逆流防止装置**で、ガス導入管の先端に装着され、**粉末消火薬 剤**のガス導入管への**逆流**を防止する。

問2

蓄圧式粉末
①

加圧式粉末
②

$\frac{1}{2}$以上が
緑色
(編集部注記)

二酸化炭素
③

正解

1	③	2	①	3	②

1 高圧ガス保安法の適用を受けるものは、高圧で圧縮された液化二酸化炭素が充てんされる③の**二酸化炭素消火器**である。

2 指示圧力計が必要なものは、①の**蓄圧式粉末消火器**である。

3 加圧用ガス容器の必要なものは、②の**加圧式粉末消火器**である。

問3

正解

1	0.36kg
2	不適合

消火器の放射性能に関する問題である。

1 この消火器から放出されなかった消火薬剤の質量 (重量) は、次のように求められる。

▶▶ 問題　本冊 P.71〜P.73　85

①本体容器の質量及び加圧用ガスを含む本体容器以外の付属品の質量は、放射前の消火器総質量（6.0kg）－薬剤質量（3.0kg）－加圧用ガス質量（0.06kg）＝ **2.94kg** である。

②放射後の薬剤残量は、放射後の消火器総質量（3.3kg）－本体容器の質量及び加圧用ガスを含む本体容器以外の付属品の質量（2.94kg）＝ **0.36kg** となる。

2　この消火器の放射性能が適合か不適合かは、この消火器の **放射性能（放射量）** で判断される。放射性能は次のように求められる。

1 －（放射後の薬剤残量（**0.36**kg）÷放射前の薬剤質量（3.0kg））＝ **0.88（88%）**

この消火器は、外観上の特徴から **粉末消火器** であり、放射性能（放射量）は質量の **90%以上** でなければならないので、この消火器の放射性能（質量の **88%**）は規格省令上 **不適合** である。

問4

正解

1	98 本

ボイルの法則の応用に関する問題である。

充てんできる消火器の本数は次のように求められる。

①ボイルの法則により、温度が一定のとき、一定質量の気体の体積は、圧力に **反比例** する。（P_1、P_2：圧力。V_1、V_2：体積）（$P_1V_1 = P_2V_2$）

②窒素ガスを充てんする消火器容器内の空間は、消火器の容器容量（3.5L）－薬剤容量（2.5L）＝ 1L である。

③窒素ガス容器から消火器に充てん圧力 0.98MPa で充てんする場合、窒素ガスの総容積は、（14.7MPa × 7L）÷ 0.98MPa ＝ 105L に膨張する。

④ 0.98MPa における窒素ガス総容積（105L）から、窒素ガス容器内容積（7L）を引いた **98L** がガス充てんにあてられる。98L ÷ 1L（消火器のガス充てん空間）＝ 98 本となり、**98 本** の消火器に充てんできる。

問5

正解

1	窒素ガス
2	・器具と消火器及び器具相互間の接続はガスの漏れがないよう確実に締める。 ・圧力調整ハンドルをゆっくり回すと2次側圧力計の針が徐々に上昇するので、充てん圧力値（消火器の使用圧）に設定する。 以上のうち1つ
3	・強化液消火器、粉末消火器、水（浸潤剤入り）消火器、機械泡消火器のうち1つ

　蓄圧式消火器への圧縮ガス充てんに関する問題である。

　ガス種別は、容器の塗色が**灰色**なので**窒素ガス**である。

　蓄圧式消火器に圧縮ガスを充てんする作業の留意事項は解答のとおりなので、必ず覚えること。

●窒素ガスの充てん

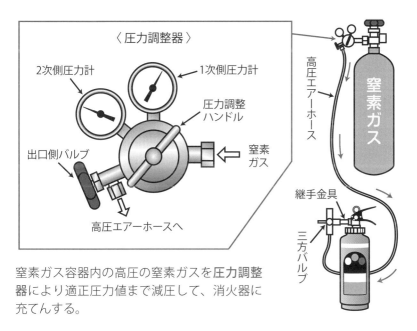

〈 圧力調整器 〉

2次側圧力計

1次側圧力計

圧力調整ハンドル

出口側バルブ

窒素ガス

高圧エアーホースへ

高圧エアーホース

窒素ガス

継手金具

三方バルブ

　窒素ガス容器内の高圧の窒素ガスを**圧力調整器**により適正圧力値まで減圧して、消火器に充てんする。

▶▶ 問題　本冊 P.74

第5回 [筆記]

消防関係法令（共通）

問 1

▶▶正解 2

　屋外における火災の予防措置（措置命令）に関する問題である。（法第 3 条）

　火災の予防又は消防活動の障害に対して除去等必要な措置を命ずることができる者（命令権者という）は、**消防長**（消防本部を置かない市町村においては**市町村長**）、**消防署長**、**消防吏員**である。

　したがって、**2** が誤りである。**消防団長**、**消防団員**には、必要な措置を命ずる権限が**与えられていない**。

●命令権者と受命者

命令権者		受命者
①消防長（消防本部を置かない市町村においては市町村長） ②消防署長 ③消防吏員	火災の予防や 必要措置の命令	①行為者 ②物件の所有者、管理者又は占有者で権原を有する者

問 2

▶▶正解 1

　危険物製造所等における危険物取扱者以外の者の危険物の取扱いに関する問題である。

　指定数量以上の危険物は、**製造所、貯蔵所及び取扱所**以外の場所でこれを取り扱ってはならない。（法第 10 条第 1 項）

　危険物製造所等では、危険物取扱者以外の者は、甲種又は乙種の**危険物取扱者が立ち会わなければ**、危険物を取り扱ってはならない。（法第 13 条第 3 項）

1 〇　当該危険物を取り扱うことができる甲種又は乙種の**危険物取扱者**が立ち会う場合は、危険物取扱者以外の者は危険物を取り扱うことができる。

2 ×　製造所等の**所有者**の許可では、危険物取扱者以外の者は危険物を取り

扱うことができない。甲種又は乙種の**危険物取扱者**が立ち会わなければならない。

3 × 危険物取扱者が作業の始めに指示し、その後**危険物取扱者がいなくなると**、危険物取扱者以外の者は危険物を取り扱うことができない。甲種又は乙種の**危険物取扱者**が立ち会わなければならない。

4 × 危険物の**取扱量が少なくても**、危険物取扱者以外の者は危険物を取り扱うことができない。甲種又は乙種の**危険物取扱者**が立ち会わなければならない。

●危険物の取扱い

立ち会い

危険物取扱者が立ち会えば、危険物の取り扱いができる

危険物取扱者　　　危険物取扱者以外の者

①指定数量以上の危険物は、**製造所**、**貯蔵所**及び**取扱所**以外の場所でこれを取り扱ってはならない。

②危険物取扱者が**立ち会えば**、危険物取扱者以外の者でも、危険物を取り扱うことができる（特別な資格は不要）。

●主な危険物製造所

《屋内貯蔵所》

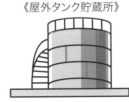

《屋外タンク貯蔵所》

《給油取扱所》

第5回 ［筆記］

▶▶ 問題　本冊 P.76

防火対象物の増改築における除外規定に関する問題である。

防火対象物の増改築において除外規定が適用されない（現行の技術上の規定に適合させる必要がある）のは、床面積の合計が **1,000m² 以上**となるもの又は基準時における延べ面積の **2 分の 1 以上**となるものである。（**法第 17 条の 2 の 5、令第 34 条の 2**）

延べ面積が 5,000m² の防火対象物の場合、除外規定が適用されない床面積の合計は、次のように求められる。

基準時における延べ面積の 2 分の 1 以上＝ 5,000m² ÷ 2 ＝ **2,500m²** 以上

したがって、1,000m² 以上と **2,500m²** 以上のうち、数値の小さい 2 の **1,000m²** 以上が正しい。

消防用設備等又は特殊消防用設備等の点検に関する問題である。

◆定期点検を行う防火対象物

---

①防火対象物の関係者は、消防用設備等又は特殊消防用設備等を定期的に点検し、その結果を消防長（市町村長）又は消防署長に報告しなければならない。（**法 17 条の 3 の 3**）
②点検を必要としない防火対象物は、**舟車**（（20）項）である。（**令第 36 条第 1 項**）
③消防設備士又は消防設備点検資格者による点検が必要な防火対象物は、延べ面積 1,000m² 以上の特定防火対象物、延べ面積 1,000m² 以上の非特定防火対象物で消防長（市町村長）又は消防署長が**指定**するもの、特定 1 階段等防火対象物及び全域放出方式の**二酸化炭素消火設備**が設けられている防火対象物である。（**令第 36 条第 2 項**）

---

1 の推進機関を有する総トン数 5 トンの**舟**は、総務省令で定める**舟車**（（20）項）に該当し、点検を必要としない。（上記②）

2 の料理店（（3）項イ）、**3** の百貨店（（4）項）、**4** の旅館（（5）項イ）はいずれも特定防火対象物であり、延べ面積が 1,000m² 以上の場合に点検が必要である。（上記③）

◆令別表第 1 (20) 項の舟車

> ・総トン数 5 トン以上の舟で、推進機関を有するもの
> ・鉄道営業法、軌道法若しくは道路運送車両法又はこれらに基づく命令の規定により消火器具を設置することとされる車両

問 5 ▶▶ **正解** 1

　消防用設備等又は特殊消防用設備等の設置維持命令に関する問題である。
　消防長（市町村長）又は消防署長は、消防用設備等が設備等技術基準にしたがって設置、維持されていないときは、防火対象物の関係者で権原を有する者に対して、設置すべきことや維持のため必要なことを**命ずる**ことができる。（法第 17 条の 4 第 1 項）

1　×　都道府県知事は、防火対象物の消防用設備等が技術上の基準にしたがって設置されていない場合に、必要な措置を命ずる**権限を持たない**。
2、3、4　○　**消防長**、消防本部を置かない市町村では当該**市町村長**、又は**消防署長**は、防火対象物の消防用設備等が技術上の基準にしたがって設置されていない場合に、必要な措置を**命ずる**ことができる。

●消防用設備等の設置・維持命令

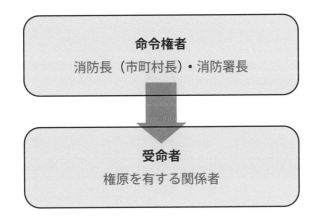

命令権者
消防長（市町村長）・消防署長

↓

受命者
権原を有する関係者

問6

消防設備士免状に関する問題である。

1 ✕ 消防設備士免状は、交付を受けた都道府県に限らず、**日本全国どこで
   も有効である**。交付を受けた都道府県以外で業務を行う場合でも、特に
   届け出る必要はない。

2 ✕ 消防設備士免状の**返納命令**を受けたときは、再交付を申請しても受理
   されず、返納命令から**1年**を経過していない者は、消防設備士試験に合
   格しても免状が交付されない。（法第17条の7第2項、法第13条の2）

3 〇 消防設備士免状は、消防設備士試験に合格した者に対し、**都道府県知
   事**が交付する。免状は交付を受けた都道府県に限らず、**日本全国どこで
   も有効である**。（法第17条の7）

4 ✕ 消防設備士免状を亡失しても消防設備士の資格は**失われない**。亡失し
   たときは、交付又は書換えをした都道府県知事に**再交付の申請**ができる。
   亡失した免状を発見したときは、再交付をした都道府県知事に**10日以
   内**に提出（返納）する。（令第36条の6）

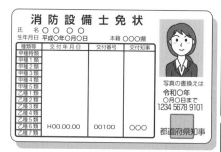

消防設備士免状			
氏　　名 ○ ○ ○ ○			
生年月日 平成○年○月○日　本籍 ○○○県			
種類等	交付年月日	交付番号	交付知事
甲種特類			
甲種1類			
甲種2類			
甲種3類			
甲種4類			
甲種5類			
乙種1類			
乙種2類			
乙種3類			
乙種4類			
乙種5類			
乙種6類	H00.00.00	00100	○○○
乙種7類			

写真の書換えは
令和○年
○月○日まで
1234 5678 9101

都道府県知事

免状の携帯義務
業務を行うときは、必ず免状を携帯する。

免状の交付
免状の交付は、都道府県知事が行う。免
状は全国どこでも有効である。

免状の亡失、再交付
免状を亡失したときは、交付を受けた都
道府県知事に再交付を申請できる。

消防法に違反した際の免状の扱い
消防法に違反し免状返納を命じられ
てから1年を経過していない者は、
消防設備士試験に合格しても免状を
交付されない。

亡失した免状の発見、返納
亡失した免状を発見したときは、再交付
を受けた都道府県知事に10日以内に提
出する（返納する）。

消防関係法令（類別）

問7　　　　　　　　　　　　　　　　　▶▶**正解 2**

　消火器具の設置が必要な防火対象物は、設置基準面積により、延べ面積に**関係ないもの**、延べ面積が **150m² 以上**、延べ面積が **300m² 以上**の３区分がある。（令第 10 条第 1 項）

　大まかには、危険度の高い用途ほど設置基準が厳しくなるといえる。

1　○　スーパーマーケット（（4）項）は、延べ面積 **150m² 以上**で消火器具の設置が必要になる。150m² では設置が必要である。
2　×　旅館（（5）項イ）は、延べ面積 **150m² 以上**で消火器具の設置が必要になる。150m² 未満の場合には設置の必要はない。
3　○　小学校（（7）項）は、延べ面積 **300m² 以上**以上で消火器具の設置が必要になる。300m² では設置が必要である。
4　○　映画館（（1）項イ）は、延べ面積に**関係なく**消火器具の設置が必要になる。

> ▶▶ 別冊１　6頁「令別表第１と消火器の設置基準」参照

問8　　　　　　　　　　　　　　　　　▶▶**正解 3**

　大型消火器以外の消火器具に必要とされる能力単位は、延べ面積を能力単位算出基準面積で割った値以上の数値とされている。

　主要構造部を耐火構造とし内装を難燃材料等で仕上げた場合には、能力単位算出基準面積は **2 倍**の数値となる。（則第 6 条第 2 項）

　大規模小売店舗（（4）項）の能力単位算出基準面積は 100m² なので、この数値は、1,500m² ÷ 100m² ＝ **15** となる。

▶▶ 問題　本冊 P.78 ～ P.79　　93

問 9

設置位置の点検に関する問題である。

消火器は階ごとに設置しなければならないので、1 が適当でない。

1 × 消火器具は防火対象物の**階ごと**に設置しなければならない。(**則第 6 条**第 6 項)

2 ○ 消火器具は床面からの高さが **1.5m 以下**の箇所に設ける。(**則第 9 条**)

3 ○ 地震等による**転倒を防止**するための措置を講じる。(**則第 9 条**)

4 ○ 二酸化炭素消火器は電気火災に**適応する**。

●小型消火器の設置

1.5m 以下

問 10

大型消火器具以外の消火器具の設置基準に関する問題である。(**令第 10 条、則第 6 条**)

1 ○ 変圧器室には、その床面積 **100m² 以下ごと**に 1 個の消火器を設置する。

2 × ボイラー室には、その床面積を **25m² で割って得た数**以上の能力単位となるように消火器を設置する。床面積 **25m² ごと**に 1 個の消火器ではない。

3 ○ 指定可燃物を取り扱う場所の各部分から、それぞれその階の一の消火器具に至る歩行距離が **20m 以下**となるように配置する。

4 ○ 指定可燃物を貯蔵する場所には、その貯蔵量を、危令別表第 4 の数量の **50 倍の数量で割って得た数**以上の能力単位となるように消火器を設置する。

機械に関する基礎的知識

問 11

▶▶正解 3

力のモーメント（回転力）の釣り合いに関する問題である。

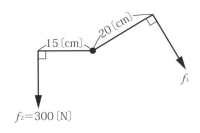

右回りのモーメントと左回りのモーメントを考える。

右回りのモーメント＝$f_1 × ℓ_1 = f_1 × 20$〔cm〕

左回りのモーメント＝$f_2 × ℓ_2 = 300$〔N〕× 15〔cm〕

右回りのモーメントと左周りのモーメントは釣り合っているので、

右回りのモーメント＝左回りのモーメント

$f_1 × 20$〔cm〕＝ 300〔N〕× 15〔cm〕

これから、$f_1 =$（300〔N〕× 15〔cm〕）÷ 20〔cm〕＝ **225**〔N〕

したがって、**3** の **225〔N〕** が正しい。

問 12

▶▶正解 4

ひずみに関する問題である。

材料に外力を加えると、材料はその外力に応じて変形（伸び縮み）する。物体が変形した場合に、変形量を元の長さで割った割合が**ひずみ**であり次式で表される。

$$ε = \frac{ℓ_1 - ℓ}{ℓ}$$

$ε$：ひずみ

$ℓ$：変形前の長さ

$ℓ_1$：変形後の長さ

第5回

〔筆記〕

材料に外力を加えた場合、ひずみが小さいうち（**比例限度内**という）は、応力とひずみは**正比例**する。これを**フックの法則**という。

材料に加える外力を大きくすると、やがて材料は抵抗力が小さくなり急激に変形しだす。この時点でフックの法則は成り立たなくなる。フックの法則が成り立つ最大の応力が生ずる点を**比例限界**という。

したがって、**4**の$\varepsilon = \dfrac{\ell_1 - \ell}{\ell}$が正しい。

問 13 ▶▶正解 2

安全率及び最大強さから許容応力を求める計算問題である。

安全率（S）、最大強さ（M〔N/mm²〕）及び許容応力（m〔N/mm²〕）の関係は次式で表される。

S（安全率）$= M$（最大強さ）$\div m$（許容応力）

式に安全率及び最大強さを代入すると、許容応力は次のように求められる。

m（許容応力）$= M$（最大強さ）$\div S$（安全率）
$= 600 \div 3 = \mathbf{200}$〔N/mm²〕

したがって、**2**の**200〔N/mm²〕**が正しい。断面の形状及び断面積は関係ない。

問 14 ▶▶正解 3

摩擦力に関する問題である。

静止している物体を動かそうとすると、接触面には動かす力とそれとは逆向きの力が働く。この逆向きの力を**摩擦力**という。

物体が滑り出す時の摩擦力を**最大摩擦力**といい、この時に必要な力（最大摩擦力）Fと物体が接触面に作用する力（物体の重量）Nには、次式で表される関係が成り立つ。すなわち、FはμとNに**比例**する。

$F = \mu N$

μは接触面の**摩擦係数**といい、単位体積当たりの重量と**接触面の状態**（表面形状）で決まる一定値である。粗いほど大きく、滑らかなほど小さい。

1 ○ 最大摩擦力は、接触面積の**大小**には関係しない。

2 ○ 最大摩擦力は、物体が接触面に作用する力（物体の重量）に**比例**する。

3 × 最大摩擦力は、接触面積に**正比例しない**。接触面の状態で決まる**摩擦係数**には正比例する。

4 ○ 摩擦係数は、接触面の**材質**、**性質**、**状態**等によって決まる一定値である。

問15

▶▶**正解** 1

鉄鋼材料に関する問題である。

金属材料の中で最も多く使用されるのは、鉄と炭素の合金である**炭素鋼**（一般に、鉄鋼という）である。

鉄は炭素の含有量が多いほど**硬さが増す**と同時にも**ろく**なり、少ないほど**軟らかく**なる。炭素の含有量により次のように分類される。

●鉄鋼の分類

名　称	錬鉄・練鉄	鋼	鋳　鉄
炭素量	0.04%以下	0.04%〜1.7%	1.7%〜6.7%

1 × 黄銅は銅と亜鉛の**銅合金**である。鉄鋼材料ではない。

2 ○ 炭素鋼は**鉄と炭素の合金**である。炭素のほか微量のマンガン、ケイ素、リン、硫黄等の不純物を含んでいる。

3 ○ ステンレス鋼は**鉄とクロムとニッケルの合金**である。

4 ○ 鋳鉄は炭素量1.7%〜6.7%の**鉄鋼**である。耐摩耗性、圧縮強さが大きく、もろい。

構造・機能及び整備の方法 (機械)

問16

▶▶正解 3

指示圧力計に関する問題である。

蓄圧式の消火器（二酸化炭素消火器及びハロン 1301 消火器を除く）は、容器内の圧力を確認できるよう、指示圧力計を設けなければならない。(規第 28 条)

1　×　強化液消火器では消火薬剤に**強アルカリ性**のもの使用することがあるため、銅合金製のブルドン管は**適さない**。
2　×　ブルドン管の材質は、**耐食性**は要求されるが、SUS（ステンレス鋼）に**限定されない**。ほかに、PB（リン青銅）、Bs（黄銅）、BeCu（ベリリウム銅）等がある。
3　○　指示圧力計は、その目盛り板上に、**使用圧力範囲、圧力検出部（ブルドン管）の材質及び㊛の記号**を表示しなければならない。
4　×　指示圧力計は、その目盛り板上の使用圧力範囲を示す部分を、赤色ではなく**緑色**で明示すること。

●指示圧力計

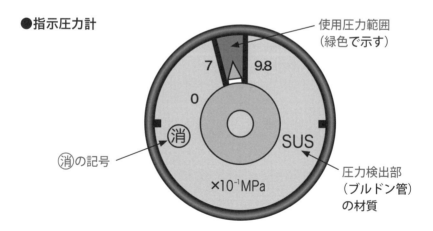

問 17

▶▶ **正解** 1

蓄圧式強化液消火器に関する問題である。

1 × 強化液消火器（霧状放射）による消火効果は、負触媒効果による**抑制作用**だけでなく、**冷却作用**もある。
2 ○ 強化液消火器（霧状放射）による消火効果は、**冷却作用**により A（普通）火災に適応し、負触媒効果による**抑制作用**と**霧状放射**により B（油）火災及び C（電気）火災にも適応する。
3 ○ 強化液消火器の使用温度範囲は、**0℃以上 40℃以下**と規定されているが、実用面では－20℃以上 40℃以下に拡大されたものが製造されている。
4 ○ 蓄圧式消火器に設置される指示圧力計の表示は、下限が **0.7MPa**、上限が **0.98MPa** である。

▶▶ 別冊1　10頁「消火器の放射性能」及び 11 頁「消火薬剤の消火作用と適応火災」参照

問 18

▶▶ **正解** 2

手さげ式機械泡消火器に関する問題である。

1 ○ 機械泡消火器は、本体容器中に機械泡消火薬剤の水溶液が充てんされており、レバーを握ると、サイホン管・ホースを通った水溶液が、**ノズル**で空気を吸入し泡を形成して放射する。
2 × 機械泡消火器の圧力源は、蓄圧式では消火薬剤とともに充てんされた**窒素ガス**、加圧式では加圧ガス容器に充てんされた**窒素ガス又は二酸化炭素**を用いる。化学反応による二酸化炭素（CO_2）を圧力源とするのは**反応式（化学泡消火器）**である。
3 ○ 機械泡消火器の消火効果は、水による**冷却作用**及び酸素遮断による**窒息作用**である。冷却作用により A（普通）火災に適応するとともに、**窒息作用**により B（油）火災に適応する。
4 ○ 手さげ式機械泡消火器は**蓄圧式**で、容器内の圧力を確認できるよう、**指示圧力計**を設けなければならない。

▶▶ 別冊1　10頁「消火薬剤及び加圧方式による区分」及び 11 頁「消火薬剤の消火作用と適応火災」参照

粉末消火器の部品に関する問題である。

1 ○ 粉上り防止用封板は、**ガス加圧式**の粉末消火器に必要な部品で、使用時以外で本体容器内の粉末消火薬剤が**サイホン管に逆流**するのを防ぐものである。

2 ○ ガス導入管は、**ガス加圧式**の粉末消火器に必要な部品で、**加圧ガスを**本体容器の下部に導き、**加圧用ガス**の噴出により粉末薬剤をときほぐし、加圧・放射するものである。

3 × ろ過網は、**化学泡消火器**に必要な部品であり、粉末消火器には関係がない。ろ過網は、放射の際に消火薬剤の中にできたかたまりにより**目詰り**が発生するのを防ぐものである。

4 ○ 逆流防止装置は、**ガス加圧式**の粉末消火器に必要な部品で、ガス導入管の先端に装着され、本体容器内の粉末消火薬剤が**ガス導入管に逆流**するのを防ぐものである。

●粉末消火器の構造

粉末消火器（ガス加圧式）
(A、B、C)窒息作用　抑制作用

```
                          安全栓
ホース →
                          加圧用
                          ガス容器
ノズル →
                          ガス導入管
ノズル栓 →
サイホン管 →                逆流防止装置
粉上り                      粉末消火薬剤
防止用封板
```

問 20

▶▶正解 1

機器点検のうち、内部及び機能に係る点検に関する問題である。

機器点検のうち、内部及び機能に係る点検は、消火器種別に応じ一定の年数が経過したものについて行い、その後 6 か月ごとに行う。

1 × 内部及び機能に係る点検は、すべての消火器について設置後 3 年経過後ではなく、消火器種別に応じ**一定の年数**が経過したものについて行う。
2 ○ 化学泡消火器は、**設置後 1 年**を経過したものについて、内部及び機能に係る点検を行う必要がある。
3 ○ 蓄圧式強化液消火器は、**製造年から 5 年**を経過したものについて、内部及び機能に係る点検を行う。蓄圧式(ハロゲン化物、二酸化炭素を除く)のものは、**製造年から 5 年**を経過したものについて、内部及び機能に係る点検を行う必要がある。
4 ○ 加圧式粉末消火器は、**製造年から 3 年**を経過したものについて、内部及び機能に係る点検を行う。蓄圧式（ハロゲン化物、二酸化炭素を除く）の消火器及び化学泡消火器以外のものは、**製造年から 3 年**を経過したものについて内部及び機能に関する点検を行う必要がある。

▶▶ 別冊 1　13 頁「機器点検の実施項目」参照

問 21

▶▶正解 4

蓄圧式消火器の指示圧力計の点検、整備に関する問題である。

1 ○ 指針が、緑色の範囲を外れているものは、**何らかの異常**があることを示しているので、消火器の内部及び機能に係る項目の点検を行う。
2 ○ 指針が緑色の上限より上がっているものは、指示圧力計の精度を確認し、精度に異常がなければ消火器の**圧力調整**を行う。
3 ○ 指針が緑色の下限より下がっているものは、一部使用又は内圧不足（圧力漏れ）が疑われるため、**気密試験を行い圧漏れ**を調べる。
4 × 使用していないのに指針が 0 を指しているものは、指示圧力計が異常で、消火器の内圧は正常にかかっている可能性があるので、**排圧作業を**行った後でキャップを外さなければならない。**排圧作業**は、排圧栓のあるものは排圧栓により徐々に排圧するか、排圧栓のないものは消火器をさかさまにし、レバーを握って排圧することにより行う。

▶▶ 問題　本冊 P.84　　101

問 22

蓄圧式消火器の分解に関する問題である。

◆蓄圧式消火器の分解の手順

①固定：本体は、専用の固定金具（**クランプ台**）に固定する。

② 排圧：**排圧栓**のあるものは、**排圧栓**を開け徐々に排圧する。**排圧栓**のないものは、固定に先立ち本体をさかさまにして、レバーを握って排圧する。

③キャップの取り外し：専用のスパナ（**キャップスパナ**）を用いてキャップを徐々に緩めて取り外す。

④バルブ、レバーの取り外し：キャップを**完全に緩めた**ところで、キャップ及びバルブ、レバーを本体容器から取り外す。

したがって、**2**の「**排圧栓のないものは、キャップをあける。**」が誤りである。使用済みの消火器においても、ガスが完全に放出されずに残っていることがある。**残圧**による破裂、部品の飛び散り等の事故を防止するため、キャップを外す際は、必ず**排圧作業**を行わなければならない。

●蓄圧式消火器の排圧作業

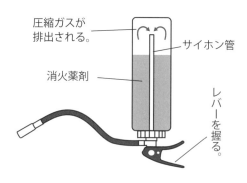

圧縮ガスが
排出される。

サイホン管

消火薬剤

レバーを握る。

排圧栓があるものは、排圧栓をドライバーで徐々に緩めて排圧する。

排圧栓のないものは、容器を逆さにし、レバーを徐々に握って排圧する。消火薬剤は容器内に残る。

問 23 ▶▶正解 1

粉末消火器の点検上の主眼点に関する問題である。

1 × キャップを外し、薬剤が固化していないかどうかの検査をあまり頻繁に行うのは、薬剤を**湿気等**に触れさせることになり、かえって固化させてしまう可能性があり、適当でない。検査は**定期的**に行えばよい。
2 ○ 安全栓の封印に**損傷**、**脱落**等がなく確実に取り付けられていることを点検するのは適当である。
3 ○ キャップの**締まり具合**を点検し、緩んでいるものは締め直しをすることは適当である。キャップに変形や緩みのある場合は、消火薬剤の性状も点検する。
4 ○ レバーを握り、レバーが**円滑に作動**し、加圧式の場合、カッターのストロークが十分であることを点検するのは適当である。

問 24 ▶▶正解 4

消火器の維持管理に関する問題である。

1 ○ 化学泡消火薬剤は、専用の**バケツ等**で溶解した後、充てんする。消火器内で溶解すると、内面の防錆塗膜等を傷つけ腐食の原因となるからである。
2 ○ 合成樹脂の部分を清掃する場合、有機溶剤は合成樹脂を**溶解変質**させるおそれがあるため、**使用してはならない**。
3 ○ 粉末消火器は、水分により薬剤が固化するおそれがあるため、**除湿した圧縮空気又は窒素ガス**を用いて清掃する。
4 × 化学泡消火器は、薬剤詰め替えに際し、内筒、外筒をよく**水洗い**し、ろ過網・ホース・ノズルの流通部もよく**水を通し**清掃する。

第5回 [筆記]

構造・機能及び整備の方法（規格）

問 25 ▶▶正解 2

火災種別ごとの小型・大型区分に関する問題である。（規第 2 条）

1 × A（普通）火災に対する能力単位が **1 未満**であり**小型消火器の条件**を満たしていない。普通火災についての説明が誤りである。
2 ○ **A（普通）火災及び B（油）火災**に対する能力単位が **1 以上**で**小型消火器**の条件を満足しており、**C（電気）火災**にも対応している。
3 × A（普通）火災に対する能力単位は **10 以上**、B（油）火災に対する能力単位は **20 以上**で、ともに**大型消火器**の条件を満足している。普通火災についての説明が誤りである。
4 × A（普通）火災に対する能力単位は **10 未満**なので**小型消火器**、B（油）火災に対する能力単位は **20 以上**なので**大型消火器**である。普通火災についての説明が誤りである。

問 26 ▶▶正解 2

消火器本体に必要な適応火災の円形表示に関する問題である。（規第 38 条）

1 ○ 消火器の適応する火災種別が分かるよう、**円形の絵表示**が必要である。
2 × 円の大きさは、充てんする消火薬剤の容量（質量）が 2L（3kg）以下の場合は**半径 1cm 以上**、それを超える場合は**半径 1.5cm 以上**とする。
3 ○ 普通火災用は、**白色の円形**に**赤色の炎と黒色の可燃物**が描かれている。
4 ○ 電気火災用は、**青色の円形**に**黄色の閃光**が描かれている。
● **適応火災の種類を示す絵表示**

普通火災用　　　油火災用　　　電気火災用

問 27

使用済表示に関する問題である。

手さげ式の消火器には、自動的に作動し使用したことが外部から分かる表示（**使用済表示**）を設けなければならない。ただし、**指示圧力計**のある蓄圧式消火器（指示圧力計の指示を見れば使用済であることが分かる）、バルブのない消火器（使用時にすべてを放射してしまうため使用済みが分かる）及び手動ポンプにより作動する水消火器は、表示は不要である。（規第 21 条の 2）

1 ○ 上記規定どおりの記述である。（規第 21 条の 2）
2 × 泡消火器について、**泡剤が放出した旨**が判別できる装置の設置に関する記述は規定にない。
3 × 消火器本体について、使用した薬剤の量が分かる**ガラス等透明にしたゲージ**の設置に関する記述は規定にない。
4 × 指示圧力計が設けられている強化液消火器は、**指示圧力計**の指示を見れば使用済であることが分かるため、それとは別に使用した旨が判別できる装置を設置する必要はない。

問 28

消火器のホース及びノズルに関する問題である。（規第 15 条、第 16 条）
●**ホース及びノズルに関する主な規定**

ホース	ノズル
①消火剤を有効に放射できるよう消火器に取り付ける。ただし、次の消火器はホースを**設けなくてもよい**。 ・ハロゲン化物消火器で薬剤質量が 4kg 未満のもの ・粉末消火器で薬剤質量が 1kg 以下のもの ②消火剤を**有効に放射**できる長さでなければならない。 ③使用温度範囲で**耐久性**を有し、かつ、円滑に操作できるものであること。	①手さげ式消火器のノズルには、開閉式及び切替式の装置を設けてはならない。 ②車載式消火器はノズルを**開閉式及び切替式**にできる。 ③背負式及び据置式の消火器はノズルを**開閉式**にできる。
ホース及びノズル	
本体容器と**同等**の圧力に耐え、漏れを生ぜず、かつ、著しい**変形**を生じないこと。	

したがって、**1** が誤りである。

問 29

▶▶ **正解** 4

消火器の安全栓に関する問題である。（**規第 21 条**）

◆安全栓に関する主な規定

> ①消火器には、予期せぬ作動を防止するために**安全栓**を設けなければならない。
> ただし、次の消火器は安全栓を設けなくてもよい。
> ・手動ポンプ式の水消火器
> ・転倒の 1 動作で作動する消火器（転倒式化学泡消火器）
> ②安全栓は、1 動作で容易に引き抜くことができ、かつ、引き抜きに支障のない封（シール等）が施されていなければならない。
> ③安全栓は、**黄色**に塗色された内径 2cm 以上のリング部、軸部及び軸受部により構成されていること。
> ④安全栓は、**上方向**に引き抜くよう装着されていなければならない。ただし、次の消火器を除く。
> ・押し金具による 1 動作で作動させる消火器
> ・蓋をあけて転倒させる動作で作動させる消火器

　したがって、4 が誤りである。安全栓は**上方向**に引き抜くように装着されていなければならない。なお、上方向とは、消火器を水平面上に置いた場合に、垂直軸から **30 度以内**の範囲をいう。

問 30

▶▶ **正解** 3

消火器のキャップ、プラグ、口金に関する問題である。（**規第 13 条**）

1 ○ キャップ又はプラグ及び口金には、本体容器を確実に密閉する目的で、その間に容易にはずれないように**パッキン**をはめこむこと。

2 ○ キャップ又はプラグのかん合部分は、パッキンをはめこんだ場合において、かん合が確実で口金にかみ合い、**規定の圧力**に十分に耐えること。

3 × キャップ若しくはプラグ又は口金には、充てん又はその他の目的でキャップ又はプラグをはずす途中に本体容器内の**圧力を完全に減圧する**ことができるように、**減圧孔**又は**減圧溝**を設ける。本体容器内の圧力を保つことができるような加圧孔は、規定にはない。

4 ○ キャップ又はプラグは、耐圧試験を行った場合において、**漏れ**を生ぜず**著しい変形**を生じないこと。

〜〜〜 第5回［実技］〜〜〜

鑑別等

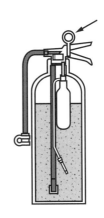

問1

正解

1	粉末消火器
2	ガス加圧式
3	安全栓

消火器に関する問題である。

1　消火器の名称は、**ガス導入管、逆流防止装置等**の部品から、**粉末消火器**である。

2　加圧方式は、**加圧ガス容器**があるため、**ガス加圧式**である。

3　**安全栓**は、レバーを握る方式の消火器の**予期せぬ作動を防止**するために装着される。安全栓は、**黄色**に塗色され、原則として、**上方向**に引き抜くよう装着されていなければならない。

問2

正解

1	ホーン
2	気化ガスを収束し、一定の範囲に放射させる。

消火器の部品に関する問題である。

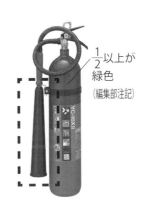

$\dfrac{1}{2}$以上が
緑色
（編集部注記）

第5回［実技］

1、2 縦長の丸で囲まれた部品は**ホーン**で、**二酸化炭素消火器**に特有なノズルの先端がラッパ型の部品である。液化二酸化炭素はホーンで気化され、収束されて一定の範囲に放射される。

問3

1	指示圧力計
2	②
3	蓄圧式

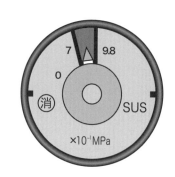

消火器の部品に関する問題である。

1、2 部品の名称は**指示圧力計**で、緑色部分の範囲として妥当なのは、**0.7～0.98MPa** である。指示圧力計は、蓄圧式消火器（二酸化炭素消火器及びハロン1301消火器を除く）の容器内部の圧力を表示するもので、指示圧力の許容誤差は使用圧力範囲の上下10％以内とし、使用圧力範囲（0.7～0.98MPa）は緑色で表示する必要がある。**(規格第28条)**

3 指示圧力計がある消火器は、**蓄圧式**である。**蓄圧式**消火器には、強化液消火器、粉末消火器、水（浸潤剤入り）消火器又は機械泡消火器がある。

問4

正解

1	粉末（ABC）消火器
2	A（普通）火災、B（油）火災、C（電気）火災
3	・湿気の多いところに保存しない。 ・長い間保存したものを交換用として使用しない。 以上のうち1つ

淡紅色系の消火薬剤

検定合格印

消火薬剤に関する問題である。

1 袋に入っている消火薬剤を使用する消火器は、消火薬剤が**淡紅色**でリン酸アンモニウムを主成分としたものなので、**粉末（ABC）消火器**である。
2 袋に入っている消火薬剤の適応火災は、**A（普通）火災、B（油）火災及びC（電気）火災**である。
3 袋に入っている消火薬剤に関する使用上の留意事項は、**粉末薬剤は湿気・水分をきらう**ため、湿気の多いところに保存したり、長い間保存したものを交換用として使用したりしないようにすることである。

問5

正解

1	点検時に消火器内の残圧を排除し、キャップを外す時の破裂等の事故を防止する。
2	ドライバーを用いて排圧栓を開放し、内圧を完全に放出する。
3	消火器本体をさかさまに（転倒）し、レバーを握って排圧する。
4	排圧栓から残圧が噴き出した場合は、噴き出しが止まるまでそのままの状態で静置する。
5	周囲が安全な場所にノズルを向け、安全栓をはずし、レバーを握る。

排圧作業に関する問題である。

排圧作業は、消火器容器内には**圧力が残っている**ことがあるので、分解に先立ち、破裂等の事故防止を目的として**内圧を完全に放出する**ために行う。

留意事項は解答のとおりなので、必ず覚えること。

第5回 ［実技］

消防関係法令（共通）

問 1 ▶▶正解 3

消防長等の権限（立入検査等）に関する問題である。

◆消防長等の権限

> ①消防長（消防本部を置かない市町村においては**市町村長**）又は**消防署長**には、**関係者への資料提出命令権**、報告徴収権及び消防対象物への**立入検査権**等が与えられている。（**法第4条**）
> ②その他の消防吏員（命令権者という）は、火災の予防又は消防活動の障害に対して除去等**必要な措置**を命ずることができる。
> ③消防対象物及び期日又は期間を**指定**して、**消防団員**を立ち入らせて、検査又は質問をさせることができる。（**法第4条の2**）
> ④防火対象物の位置、構造、設備又は管理の状況について火災の予防上必要と認める場合又は火災が発生したならば人命に危険であると認める場合には、**必要な措置**をなすべきことを命ずることができる。ただし、他の法令による**許認可を受け、その後事情の変更がないものは除かれる**。（**法第5条、5条の2**）

1 × 消防対象物及び期日（期間）を**指定**して行わなければならない。（上記③）

2 × **個人の住居**は、関係者の**承諾**を得たとき又は火災発生のおそれが著しく大きく、**特に緊急の必要**がある場合でなければ立ち入ることはできない。

3 ○ **消防署長**は、火災予防のために必要があるときは**関係者**に対して、**資料の提出**を命ずることができる。（上記①）

4 × ほかの法令による**許可**を受け、その後事情の変更がないものは命令できない。（上記④）

問 2 ▶▶正解 4

危険物製造所等に設置する消火設備に関する問題である。

消火設備の設置対象の基準は、所要単位として算出する。消火器の場合、

所要単位と能力単位は同一に扱う。（**危則第29条**）

　危険物は、指定数量の**10倍**が**1所要単位**であること。（**危則第30条**）

　指定数量の40倍の危険物を貯蔵し、又は取り扱う施設の場合、消火器の能力単位の合計数値は次のように求められる。

　　指定数量の倍数÷1所要単位＝40÷10＝4

　したがって、**4**の**4以上**が正しい。

問3　　　　　　　　　　　　　　　　　　　▶▶**正解**3

消防用設備等の設置・維持における対象物の取扱いに関する問題である。

1　×　複合用途防火対象物（（16）項）は、原則として（1）項から（15）項に該当する部分は**それぞれが一の防火対象物**とみなされる。（**令第9条**）
2　×　一般住宅部分が存する防火対象物は、用途部分の床面積の合計が、一般住宅部分の床面積の合計より**小さく**、かつ、用途部分の床面積の合計が**50m² 以下**の場合は、複合用途防火対象物とはみなされず、一般住宅に該当するものとされる。
3　○　開口部のない耐火構造の床又は壁で区画されている場合、区画された部分は、それぞれ**別の防火対象物**とみなされる。（**令第8条**）
4　×　事務所ビル（**（15）項**）の地階が、地下街（（16の2）項）と一体となっている使用形態のものは、地下街の一部分とみなされない。地下街と一体とみなされるのは、（1）項から（4）項まで、（5）項イ、（6）項、（9）項イ又は（16）項イの地階で、消防長（市町村長）又は消防署長が**指定**したものである。（**令第9条の2**）

▶▶ 別冊1　6頁「令別表第1と消火器の設置基準」参照

問4　　　　　　　　　　　　　　　　　　　▶▶**正解**3

消防用設備等の届出と検査に関する問題である。（**法第17条の3の2、令第35条**）

◆届出・検査を行う防火対象物

①（2）項二、（5）項イ、（6）項イ（無床診療所・無床助産所を除く）、（6）項ロ、（6）項ハ（利用者を入居させ、または宿泊させるものに限る）と、特定用途部分を含む複合用途防火対象物、地下街、準地下街
②延べ面積が 300m² 以上の特定防火対象物（①を除く）
③延べ面積が 300m² 以上の非特定防火対象物で消防長（市町村長）又は消防署長が指定するもの
④特定１階段等防火対象物（特定用途部分が避難階以外の階（1 階及び 2 階を除く）にある防火対象物で、避難階以外から避難階又は地上に直通する階段が 2（屋外階段がある場合は 1）以上ないもの）

以下、検査の必要があるものを〇、必要のないものを×とする。

1、2 〇 劇場（（1）項イ）、飲食店（（3）項ロ）はいずれも延べ面積が **300m² 以上の特定防火対象物なので検査を受けなければならない。**

3 × 共同住宅（（5）項ロ）は、非特定防火対象物で、延べ面積が **300m² 未満**、かつ、消防長（市町村長）又は消防署長の**指定がないので検査を受ける必要はない。**

4 〇 ホテル（（5）項イ）は、**延べ面積にかかわらず検査を受けなければならない。**

問5 ▶▶正解 4

消防設備士制度に関する問題である。

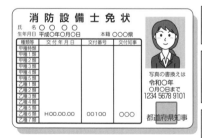

免状の携帯義務
業務を行うときは、必ず免状を携帯する。

免状の交付
免状の交付は、都道府県知事が行う。免状は全国どこでも有効である。

免状の亡失、再交付
免状を亡失したときは、交付を受けた都道府県知事に再交付を申請できる。

消防法に違反した際の免状の扱い
消防法に違反し免状返納を命じられてから 1 年を経過していない者は、消防設備士試験に合格しても免状を交付されない。

亡失した免状の発見、返納
亡失した免状を発見したときは、再交付を受けた都道府県知事に 10 日以内に提出する（返納する）。

1 〇 甲種消防設備士が工事着工する日の **10 日前**までに、必要な事項を消

防長（市町村長）又は消防署長に届け出るのを怠った場合は、30万円の罰金又は拘留に処せられる。（**法第44条第八号**）

2 ○ 消防法違反により免状返納を命ぜられ、**1年**を経過していない者は、消防設備士試験に合格しても、免状が交付されない。（**法第17条の7第2項で法第13条の2を準用**）

3 ○ 消防設備士免状を亡失等した場合は、交付又は書換えをした都道府県知事に**再交付**の申請ができる。亡失した免状を**発見**したときは、再交付をした都道府県知事に**10日以内**に提出（返納）する。（**令第36条の6**）

4 × 免状の記載事項に変更が生じた場合、免状の書換えは、当該免状を交付した都道府県知事又は**居住地**若しくは**勤務地**を管轄する都道府県知事に申請する。（**令第36条の5**）

問6 ▶▶正解 4

型式承認と型式適合検定の関係に関する問題である。

検定対象機械器具等の検定制度は、型式承認と型式適合検定の2段階に分かれている。

◆検定合格証の表示を行うまでの手順

①**日本消防検定協会**又は総務大臣の登録を受けた**登録検定機関**が、型式承認に際し、技術上の規格に適合しているかどうかの試験（型式試験）を行う。（**法第21条の3**）

②規格に適合している場合、**総務大臣**が型式承認をする。（**法第21条の4**）

③日本消防検定協会（又は登録検定機関）が、型式承認を受けた検定対象機械器具に係る形状等に適合しているかを検定（**型式適合検定**）する。

④型式適合検定に合格したものは、その旨（検定合格証）の表示を行う。（**法第21条の9第1項**）

型式承認を受けていても、**型式適合検定**に合格しなければ、検定合格証を付すことはできず、販売及び販売のための陳列はできないため、**4** が正しい。

消防関係法令（類別）

▶▶ **正解** 1

問7

附加設置に関する問題である。

1 × 変圧器等の電気設備のある場所は、**100m²** ごとに 1 個の消火器を設置する。200m² ごとではない。**（令第 10 条、則第 6 条）**

2 ○ 指定可燃物を貯蔵している場所は、貯蔵指定可燃物の数量を、危令別表第 4 の数量の **50 倍**の数量で割って得た数以上の能力単位となるように消火器を設置する。**（令第 10 条、則第 6 条）**

3 ○ 少量危険物を取り扱う場所の各部分から、それぞれ一の消火器具に至る歩行距離が **20m 以下**となるように配置する。**（則第 6 条）**

4 ○ ボイラー室は、その床面積を **25m²** で割って得た数以上の能力単位となるように消火器を設置する。**（令第 10 条、則第 6 条）**

▶▶ 別冊 1　6 頁「令別表第 1 と消火器の設置基準」参照

問8

▶▶ **正解** 2

電気設備がある場所に設置する消火器として正しくないものは、**2** の**泡を放射する消火器**である。

◆電気設備がある場所に設置する消火器 **（令第 10 条）**

①**霧状の水**を放射する消火器　②**霧状の強化液**を放射する消火器
③**二酸化炭素**を放射する消火器　④**ハロゲン化物**を放射する消火器
⑤**粉末（リン酸塩類等）**を放射する消火器
⑥**粉末（炭酸水素塩類等）**を放射する消火器

▶▶ 別冊 1　11 頁「消火薬剤の消火作用と適応火災」参照

114

問 9

▶▶ 正解 2

設置位置の点検に関する問題である。

消火器は床面からの高さ **1.5m 以下**の箇所に設けなければならないが、標識は見やすい位置に設ければよいので、**2** が誤っている。

1 ○ 防火対象物の部分からの距離は、原則として、小型消火器で歩行距離 **20m 以下**、大型消火器で歩行距離 **30m 以下**の位置に設けなければならない。(則第 6 条、則第 7 条)

2 × 消火器具の標識は**見やすい位置**に設けなければならない。(則第 9 条)

3 ○ 地階、無窓階、地下街等には**ハロン 1301 を除くハロゲン化物消火器**、**二酸化炭素消火器**の設置が禁止されている。(則第 11 条)

4 ○ 消火器具の設置場所には標識を設けなければならない。乾燥砂は「**消火砂**」と表示する。(則第 9 条)

問 10

▶▶ 正解 1

設置個数の減少についての問題である。

スプリンクラー設備、屋内消火栓設備、不活性ガス消火設備等の消火設備が技術上の基準にしたがって設置されている場合は、消火器具の能力単位数を **3 分の 1** まで減少できる。したがって、**1** が該当しない。(則第 8 条)

また、**1** の**屋外消火栓設備**を設置しても消火器の設置個数は減少できない。

●消火器以外の主な消火設備

スプリンクラー設備

屋内消火栓設備

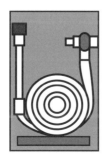

不活性ガス消火設備

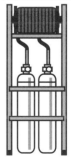

第 6 回

[筆記]

機械に関する基礎的知識

　消火器に加わる荷重に関する問題である。

　荷重とは材料に作用する外力のことで、作用する性質により次の5つがある。

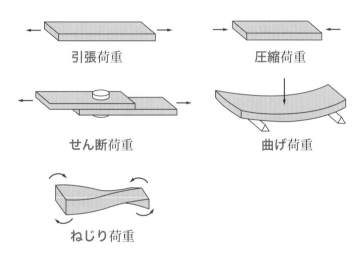

引張荷重　　　　　　　　　　圧縮荷重

せん断荷重　　　　　　　曲げ荷重

ねじり荷重

◆荷重の種類

①引張荷重　：材料を引き延ばす力
②圧縮荷重　：材料を押し縮める力
③せん断荷重：材料をひきちぎる力
④曲げ荷重　：材料を押し曲げる力
⑤ねじり荷重：材料をねじる力

　蓄圧式消火器は、本体容器内を圧縮窒素等により加圧しているものであり、内側からの圧力により本体容器には膨らもうとする力が働くため、容器の材料（鋼板等）は**引っ張られている**。

　したがって、1の「**引張荷重が加わっている。**」が正しい。

問12
▶▶**正解 3**

ある材料の伸びと荷重の関係に関する問題である。

材料の試験片に引張荷重を加えて、破壊するまで引っ張り、この時の荷重と伸びを線図にしたものが**荷重伸び線図**（荷重を応力度に、伸びをひずみに変換したものが応力ひずみ線図）である。

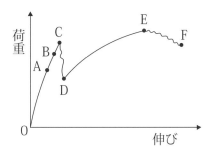

◆荷重伸び線図

A（比例限度）：応力とひずみが比例する限界
B（弾性限度）：荷重を取り除けば伸びも同時に戻る（弾性）限界
C〜D（降伏点）：応力は増加しないでひずみが急増する区間（C、D は各々上
　　　　　　　　降伏点、下降伏点という）
E（最大強さ）：最大荷重時の応力（極限強さ又は限界強さともいう）
F（破壊点又は破断点）：破壊応力（破壊荷重ともいう）

したがって、**3** の「**E 点は上降伏点である。**」が誤りである。E 点は**最大強さ**であり、上降伏点は**C 点**である。

問13
▶▶**正解 2**

仕事率の定義を問う問題である。

仕事とは、物体に力を加えて、その物体が動けば、力は物体に対して仕事をしたという。

1 × 1時間当たりの進む距離は、**時速**である。
2 ○ 単位時間当たりの仕事量は、**仕事率**である。
3 × 1g の水を 1m 上げるのに要する力は、特に定義されていない。1kg・
　　m は、**仕事の単位**として、質量 1kg の物体を高さ 1m 引き上げるのに必

第6回

[筆記]

要な仕事の量と定義されている。

4 × 単位容積当たりの水の温度を 1℃上げるのに必要な熱量は、**1 カロリー**である。

●仕事に関する定義と求め方

	定　義	求め方
仕事量	仕事を数値的に表すために用いられる単位。	$W = FS$ W：仕事量〔N・m〕 F：加えた力〔N〕 S：動いた距離〔m〕
仕事率	単位時間にする仕事の量。	$P = W/t$ P：仕事率〔J/s〕 W：仕事量〔J〕 t：要した時間〔s〕

問 14　　　　　　　　　　　　　　　▶▶正解 3

ボイル・シャルルの法則に関する計算問題である。

●ボイル・シャルルの法則

	法　則	方程式
ボイルの法則	温度を一定にしたとき、体積は圧力に反比例する。	$P_1 V_1 = P_2 V_2 =$ 一定 P_1、P_2：圧力 V_1、V_2：体積
シャルルの法則	圧力を一定にしたとき、体積は絶対温度に比例する。	$V_1/T_1 = V_2/T_2 =$ 一定 V_1、V_2：体積 T_1、T_2：絶対温度
ボイル・シャルルの法則	気体の体積は圧力に反比例し絶対温度に比例する。 上記の2法則を1つの式で表したものである。	$P_1 V_1/T_1 = P_2 V_2/T_2 =$ 一定 P_1、P_2：圧力 V_1、V_2：体積 T_1、T_2：絶対温度

ボイル・シャルルの方程式を V_2 の式に変形し、圧力と絶対温度を代入する。圧力が2倍（$P_2 = 2P_1$）、絶対温度が4倍（$T_2 = 4T_1$）なので、**3 の 2 倍**が正しい。

問15　　　　　　　　　　　　　　　▶▶正解 2

炭素鋼の焼入れに関する問題である。

金属材料に所要の性能を与えるためには加熱、冷却の操作(熱処理)を行う。
焼入れは、**硬さを増すために行う**ので、**2** が正しい。

●熱処理の種類

焼入れ	高温加熱し、水中又は油中で急冷すると硬く、強くなる。
焼き戻し	焼入れしたものを焼入れ温度より低い温度に再加熱し、徐々に冷却すると粘りを増し、強くなる。
焼きなまし	高温加熱し、一定時間保ってから徐々に冷却すると、安定した組織になる。
焼きならし	加熱後、空気中で冷却すると組織が均一になり、残留応力が除去され、安定した組織になる。焼きなましの一種である。

構造・機能及び整備の方法（機械）

問16　　　　　　　　　　　　　　　▶▶正解 4

蓄圧式消火器の指示圧力計に関する問題である。

蓄圧式の消火器（二酸化炭素消火器及びハロン1301消火器を除く）は、容器内の圧力を確認できるよう、指示圧力計を設けなければならない。(規第28条)

1　× 機械泡消火器には、**蓄圧式**と**ガス加圧式**がある。指示圧力計は、**蓄圧式**には設けなければならないが、**ガス加圧式**には設けなくてよい。
2　× 指示圧力計は、すべての消火器ではなく、二酸化炭素消火器及びハロン1301消火器を除く**蓄圧式の消火器**に設けなければならない。
3　× 強化液消火器には、**蓄圧式**と**ガス加圧式**がある。指示圧力計は、**蓄圧式**は設けなければならないが、**ガス加圧式**には設けなくてよい。
4　○ 二酸化炭素消火器は、**蓄圧式**であるが、指示圧力計を**設けなくてよい。**

> ▶▶ 別冊1　10頁「消火薬剤及び加圧方式による区分」参照

問 17

水消火器に関する問題である。

1 ○ 水消火器は、**蓄圧式及び加圧式**に区分されるが、現在は蓄圧式のみが製造されている。消火薬剤には、清水に**界面活性剤**等を添加し、消火能力を高めたものが使用されている。

2 ○ 蓄圧式の消火器には、容器内の圧力を確認できるよう、**指示圧力計**を設けなければならない。

3 ○ 蓄圧式の水消火器の圧縮ガスは、**圧縮空気又は窒素ガス**である。**二酸化炭素**は、水に溶解する性質を持つため水系の消火器には適さない。

4 × 水消火器は、燃焼面から多量の気化熱を奪う**冷却作用**により A（普通）**火災**に適応する。霧状に放射するものは、**再燃防止効果**により、C（電気）**火災**にも適応する。ただし、放射により火面が拡大するため、B（油）**火災**には適応しない。水消火器には**窒息作用**はない。

●火災の分類

火　災	説　明
A（普通）火災	木材、紙、繊維などが燃える火災
B（油）火災	石油類、その他の可燃性液体類、可燃性固体類などが燃える火災
C（電気）火災	電気設備のショートなどが原因の火災

▶▶ 別冊1　10頁「消火薬剤及び加圧方式による区分」及び11頁「消火薬剤の消火作用と適応火災」参照

A（普通）火災

B（油）火災

C（電気）火災

問18 ▶▶正解 4

　手さげ式機械泡消火器のノズルに関する問題である。

　手さげ式機械泡消火器は特徴的なノズル（発泡ノズルという）を備えている。消火器使用時にレバーを握ると、サイホン管・ホースを通った消火薬剤の水溶液が、ノズルで根元から**空気を吸入**し、**泡を形成して放射**する。

　したがって、4 の「**ノズルから放射される際に空気を吸入し、発泡させる**」が正しい。

問19 ▶▶正解 1

　粉末消火器の附属品に関する問題である。

●水消火器と粉末消火器の構造

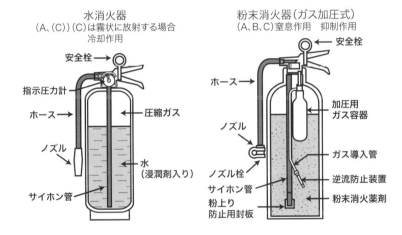

水消火器
(A、(C))(C)は霧状に放射する場合
冷却作用

安全栓
指示圧力計
ホース
ノズル
サイホン管
圧縮ガス
水（浸潤剤入り）

粉末消火器（ガス加圧式）
(A、B、C)窒息作用　抑制作用

安全栓
ホース
加圧用ガス容器
ノズル
ガス導入管
ノズル栓
逆流防止装置
サイホン管
粉上り防止用封板
粉末消火薬剤

1 × 排圧栓は、すべての消火器ではなく、**開閉バルブ式**の消火器に設ける。開閉バルブ式はガス圧が残留するおそれがあるため、**排圧栓を開放する**ことにより**残圧を完全に放出**する。

2 ○ ガス導入管の目的は、選択肢の記述の通りである。粉末薬剤は長期間設置しておくと沈降し**流動性が悪くなる**ので、ガス導入管からの加圧ガスの噴出により薬剤をときほぐすとともに**加圧・放射**する。

3 ○ 粉上り防止用封板は、**サイホン管**の先端に取り付けられ、**粉末の粒子が逆流するのを防ぐ**とともに、ホース・サイホン管を経由して外部から

第6回

［筆記］

湿気が流入するのを防ぐ。

4　○　逆流防止装置は、タイヤのバルブについている虫ゴムのようなゴムチューブで、ガス導入管の先端に装着され粉末の粒子が**ガス導入管に逆流**するのを防止する。

問 20　　　　　　　　　　　　　　　　　　　　　　▶▶**正解** 1

消火器の機器点検に関する問題である。

機器点検のうち、**外形点検**は、設置してある**全数**について、**6 か月**に 1 回以上、目視による設置状況、外観形状、破損、腐食状況等の確認を行う。**内部及び機能**に関する点検は、確認項目により、消火器の種類に応じた**抜取り方式**により行う。

問 21　　　　　　　　　　　　　　　　　　　　　　▶▶**正解** 1

機器点検のうち、消火器の内部及び機能に係る点検時の抜取り試料の組み合わせ方法に関する問題である。

◆**加圧式消火器の試料の取り方**

①製造年から 3 年超え 8 年以下：5 年でロット全数の確認が終了するよう抽出
②製造年から 8 年超え：2.5 年でロット全数の確認が終了するよう抽出
　いずれの場合も、概ね古いものから均等に抽出する

1　×　ロットの作り方としては、同一メーカーのものではなく、**同一の機能**のものを同一ロットとする。
2　○　ロットの作り方としては、**種別**（大型、小型）、**器種**（消火器の種類）、**加圧方式**（加圧式、蓄圧式）の同一のものを同一ロットとする。
3　○　抜取り試料は、同一点検ロットの数に応じて決められる。抜き取る方式のものは、放射能力については抜取り試料数の**50%以上**、放射能力を除く項目については抜取り試料数の**全数**について試験を実施する。
4　○　加圧式粉末消火器において、製造年から **3 年を超え 8 年以下**のものと **8 年を超える**ものは試料の取り方が異なり、別ロットとなる。

122

●機器点検の実施項目

消火器の区分			確認項目	
加圧方式	器　種	対　　象	放射能力を除く項目	放射能力
加圧式	化学泡	設置後1年経過したもの	全数	全数の10%以上
	水	製造年から3年経過したもの		
	強化液			
	機械泡			
	粉末		抜取り試料数	抜取り数の50%以上
蓄圧式	水	製造年から5年経過したもの		
	強化液			
	機械泡			
	粉末			
	ハロゲン化物			
	二酸化炭素			

※車載式のものは、放射能力を除く。

問 22

▶▶ 正解 2

蓄圧式消火器の点検時の留意事項に関する問題である。

1 ○ 排圧栓のあるものは、排圧栓を**開け徐々に**排圧する。消火器容器内に圧力が残っていることがあるため、破裂などの危害を防止するため、分解に先立ち、**内圧を完全に放出する**必要がある。

2 × 排圧栓のないものは、**本体をさかさまにして、レバーを握って**排圧する。容器内にはサイホン管が下部まで達しているため、立てたままの状態でレバーを握ると薬剤が放出されてしまう。

3 ○ キャップは特殊な形状をしているため、作業する消火器に適した専用の**キャップスパナ**を用いてキャップを緩めなければならない。

4 ○ キャップを外す時は、キャップは固く締められており緩めるために強い力が必要になるため、消火器が動かぬよう**クランプ台**で確実に固定する必要がある。

第6回

[筆記]

▶▶正解 4

化学泡消火器の整備に関する問題である。

1 ○ パッキンに変形、損傷、劣化等が発見された場合は、気密を保てなくなるので**取り替える**。
2 ○ 消火薬剤に変色、腐敗、沈殿物、汚れ等が発見された場合は、消火薬剤を**取り替える**。
3 ○ 容器内面の防食塗料にはく離、脱落又は損傷等が発見された場合は、容器の腐食が促進されるので**廃棄する**。
4 × 泡消火薬剤の水溶液を作る場合には、一定量を計った**水の中へ薬剤を徐々に注入**し、かくはんしながら完全に溶かさなければならない。

問 24

▶▶正解 4

粉末消火器の充てんに関する問題である。

◆粉末消火器の充てんの手順

①本体容器を、除湿した圧縮空気又は**窒素ガス**を吹き付け、清掃する。**粉上り防止用封板**は新しいものを取り付ける。サイホン管の逆流防止装置は元通りはめ込む。

②**安全栓**を装着してレバーを固定する。**加圧用ガス容器**を器具を用いて取り付ける。口金に**ろうと**をあて、消火薬剤を徐々に、規定量充てんする。

③薬剤が沈降する以前の**浮遊**している状態で、サイホン管等を本体容器内に挿入する。

④本体容器を**クランプ台**に固定し、**キャップスパナ**を用いてキャップを締め付ける。使用済表示を定位置に設置する。

したがって、**4** が誤りである。充てんされた消火薬剤が**沈下**して落ち着いて硬くなってからではなく、**浮遊**している間に素早くサイホン管等を挿入する。

構造・機能及び整備の方法（規格）

問 25
▶▶ **正解** 1

消火薬剤と加圧方式の組合せに関する問題である。

消火器は使用する消火薬剤によって 7 種類（現在製造されていない消火薬剤がハロゲン化物の消火器は除く。）、かつ、方式によって 4 種類に分類される。

1 ○ 二酸化炭素消火器の加圧方式は**蓄圧式のみ**である。
2 × 強化液消火器の加圧方式には**蓄圧式**と**加圧式（ガス加圧式）**がある。
3 × 泡消火器には化学泡消火器と機械泡消火器がある。化学泡消火器の加圧方式は**反応式（加圧式）**のみであるが、機械泡消火器の加圧方式には**蓄圧式**と**加圧式（ガス加圧式）**がある。
4 × 粉末消火器の加圧方式には**蓄圧式**と**加圧式（ガス加圧式）**がある。

> ▶▶ 別冊 1 　10 頁「消火薬剤及び加圧方式による区分」参照

問 26
▶▶ **正解** 4

消火器本体に必要な表示に関する問題である。（**規第 38 条**）

消火器本体には、適応火災や能力・性能等の表示が義務づけられている。

●消火器本体への表示事項

表示事項	表示内容
適応火災	A 火災（普通火災）、B 火災（油火災）、電気火災
能力・性能等	消火器の区別、加圧式・蓄圧式の区別、使用方法、**使用温度範囲**、放射時間、**放射距離**、充てん消火剤の容量・質量、**試験圧力値**、ホースの有効長（据置式の場合）等

したがって、必ずしも表示しなくてもよいのは、4 の「**ホースの有効長**」である。ただし、**据置式の場合**には表示が義務となる。

第6回 ［筆記］

▶▶ **正解 3**

消火器の表面の塗色に関する問題である。

消火器はその外面の **25%以上を赤色**に塗装しなければならない。(規第 37 条)

また、高圧ガス保安法が適用される高圧ガス容器においては、表面積の **2分の1以上**をガスの種類に応じて定められた色に塗装しなければならない。

泡消火器は、その外面の **25%以上を赤色**に仕上げなければならず、赤色の **10%**は、25%未満であるため、**3** が誤りである。

● **消火器に施す塗装**

> ### 消火器
> 外面の 25%以上を赤色に塗装
>
> > ### 高圧ガスを用いる消火器
> > 表面積の 2 分の 1 以上を
> > ガスの種類に応じた色に塗装
> >
> > **液化炭酸ガス：**緑色
> > **ハロン（フロン）ガス：ネズミ（灰）色**

問 28

▶▶ **正解 4**

消火器の操作に関する問題である。（規第 5 条）

1 ○ 泡消火器の操作方法は、「**レバーを握る**」、「**ひっくりかえす**」、「**蓋をあけてひっくりかえす**」のうちいずれか 1 つである。
2 ○ 二酸化炭素消火器の操作方法は、「**レバーを握る**」又は「**押し金具をたたく**」のうちいずれか 1 つである。
3 ○ 強化液消火器の操作方法は、「**レバーを握る**」又は「**押し金具をたたく**」のうちいずれか 1 つである。
4 × 粉末消火器の操作方法は、「**レバーを握る**」又は「**押し金具をたたく**」のうちいずれか 1 つである。

問 29 ▶▶ **正解** 2

消火器のノズルに関する問題である。(**規第 16 条**)

1　○　ノズルの内面は、**平滑**に仕上げられていなければならない。
2　×　ノズルの**材質**は特に規定されていない。
3　○　背負式及び据置式の消火器には、**開閉式**のノズルを設けることができる。**開閉式**のノズルは、開閉の操作が円滑に行われ、かつ、放射の際消火剤の漏れその他の障害を生じないこと。
4　○　車載式の消火器には、**開閉式及び切替式**のノズルを設けることができる。**開閉式及び切替式**のノズルは、開閉又は切替えの操作が円滑に行われ、かつ、放射の際消火剤の漏れその他の障害を生じないこと。

問 30 ▶▶ **正解** 1

消火器の安全栓に関する問題である。(**規第 21 条**)

1　×　手さげ式の消火器には、**手動ポンプ式の水消火器又は転倒の 1 動作で作動する消火器（転倒式化学泡消火器）を除き**、安全栓を設けなければならない。すべての消火器ではない。
2　○　手さげ式の消火器で、**ふたをあけて転倒させる動作**で作動させる消火器の場合、安全栓は、リング部を上方向に引き抜く構造でなくてよい。
3　○　手さげ式の消火器で、**押し金具をたたく 1 動作**で作動させる消火器の場合、安全栓は、リング部を上方向に引き抜く構造でなくてもよい。
4　○　手さげ式の消火器で、**転倒の 1 動作で作動する消火器（転倒式化学泡消火器）又は手動ポンプ式の水消火器**には、安全栓を設けなくてもよい。

鑑別等

問1

正解

1	転倒式化学泡消火器
2	ノズルを火元に向け消火器をひっくりかえす（転倒する）。
3	A（普通）火災及びB（油）火災
4	1年に1回消火薬剤の交換が必要、転倒防止の措置が必要である。

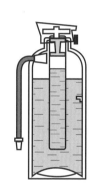

消火器に関する問題である。

1 名称は、**キャップ形状**及び本体容器（外筒）内に**内筒**が取り付けられている構造から**転倒式化学泡消火器**である。

2 使用方法は、解答のとおりである。容器を**転倒**させることにより**内筒と外筒の薬剤**を反応させ、反応により発生する**二酸化炭素**を含む泡を放射する。

3 適応火災は、化学泡消火器が**冷却作用**及び**窒息作用**により消火を行うため、**A（普通）火災及びB（油）火災**に適応する。消火薬剤の電気絶縁性が劣るため**C（電気）火災**には適さない。

4 消火器の構造上、消火薬剤が常に大気に触れる状態で設置されるため泡安定剤が腐敗し経年変化がはやいので、**1年ごと**に消火薬剤を交換する必要がある。

問2

正解

1	安全弁	内圧が規定値より上昇した場合に排圧する。
	ろ過網	ノズルが詰まることを防止する。
	内筒ふた	運搬・振動により薬剤があふれることを防止する。
2		転倒式化学泡消火器
3		ノズルを火元に向けひっくりかえす（転倒する）。
4		A（普通）火災及びB（油）火災

消火器の部品に関する問題である。

1 安全弁は化学泡消火器に使用されるキャップの上面に設けられた部品で、温度上昇などにより容器内の圧力が高くなったとき**圧力を容器外に逃がす**。安全弁は、**化学泡消火器**のほか**二酸化炭素消火器**等に取り付けられている。**（規第24条）**

　ろ過網は薬剤放出の際、消火剤の中にできたかたまりによって起こる**目詰り**を防止する部品で、現在製造されている消火器では、**化学泡消火器**に特有の部品である。**（規第17条）**

　内筒ふたは運搬・振動により**内筒内の薬剤があふれて外筒の薬剤と反応する**ことを防止する部品である。

2 これらの部品が使われている消火器は、**転倒式化学泡消火器**である。

3 操作方法は、①ホースをはずしノズルを**火元に向ける**、②消火器を**ひっくりかえ（転倒）し**、③**泡を放射**する、である。ひっくりかえすことにより外筒用薬剤と内筒用薬剤を**反応**させ、二酸化炭素を含んだ泡を発生させる。

4 適応火災は、**冷却作用及び窒息作用**により消火を行うため、**A（普通）火災及びB（油）火災**である。消火薬剤の電気絶縁性が劣るため**C（電気）火災**には適しない。

問3

正解

1	指示圧力計
2	消火器の本体容器内部の圧力を指示する。

消火器の部品に関する問題である。

1、2 　**指示圧力計**は、**蓄圧式**の消火器（二酸化炭素消火器及びハロン1301消火器を除く）に装着する必要がある。使用圧力範囲は **0.7 ～ 0.98MPa** で、圧力検出部（ブルドン管）の材質は主にステンレス鋼（SUS）製（消火器の種別により異なる）が用いられる。**(規第28条)**

問4

① 　　　　　　　　 ② 　　　　　　　　 ③

正解

1	国家検定に合格した消火器であることを示す。
2	消火器本体
3	特定容器（高圧ガス保安法の適用を受ける消火器または加圧用ガス容器）の所有者を明確にする。
4	二酸化炭素消火器
5	適応火災の区分を示す。

消火器の表示に関する問題である。

1、2 表示の意味は、消火器が「消火器の技術上の規格を定める省令」に適合し、**国家検定に合格**したものであるということである。表示は、**消火器本体**に表示されている。

3 表示の意味は、特定容器（高圧ガス保安法の適用を受ける消火器又は加圧用ガス容器）の**所有者を示す**ことである。特定容器の所有者は、その氏名又は名称、住所及び電話番号を容器に表示することが義務づけられている。

4 表示がされている消火器の名称は、液化二酸化炭素を消火薬剤とする**二酸化炭素消火器**である。

5 **A（普通）火災用**は白色地に赤色の炎と黒色の可燃物の絵を、**B（油）火災用**は黄色地に赤色の炎と黒色の可燃物の絵を、**C（電気）火災用**は青色地に黄色の閃光の絵を、それぞれ表示する。

問5

①

②

正解

1	①	クランプ台
	②	キャップスパナ
2	①	消火器の本体容器を固定する。
	②	消火器のキャップを開け閉めする。
3	消火器のキャップの開閉作業（キャップを緩める・締める）	
4	・キャップを緩める際は、容器の残圧を完全に排圧してから行う。 ・消火器はクランプ台に確実に固定する。 ・キャップスパナは、作業を行う消火器に適したものを用いる。 以上のうち１つ	

消火器の器具に関する問題である。

クランプ台とキャップスパナの組合せで考えられる作業は、**キャップの開閉作業**である。

◆キャップの開閉作業上の留意点

①消火器容器内には圧力が残っていることがあるので、破裂などの事故を防止するため、分解に先立ち、**内圧を完全に放出**する。
②消火器のキャップは固く締められており緩めるために強い力が必要になるので、消火器が動かぬよう**クランプ台**で確実に固定する。
③消火器のキャップは特殊な形状をしているので、作業する消火器に適した専用の**キャップスパナ**を使用する必要がある。

Memo

第1回 ［筆記］ 正解一覧

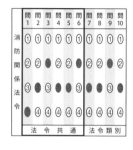

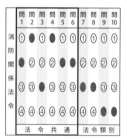

（解答カード部分）

解答カード
本冊 P.109

6 類［筆記］合格基準

試験科目	正解数	合格基準
消防関係法令	問	4 問 /10 問
基礎的知識	問	2 問 / 5 問
構造・機能等	問	6 問 /15 問
合 計	問	18 問 /30 問

※筆記試験は、各試験科目において
40％以上、全体の出題数の 60％以上
が合格基準となります。

第2回 ［筆記］ 正解一覧

解答カード
本冊 P.109

6 類［筆記］合格基準

試験科目	正解数	合格基準
消防関係法令	問	4 問 /10 問
基礎的知識	問	2 問 / 5 問
構造・機能等	問	6 問 /15 問
合 計	問	18 問 /30 問

※筆記試験は、各試験科目において
40％以上、全体の出題数の 60％以上
が合格基準となります。

第3回　[筆記]　正解一覧

解答カード
本冊 P.110

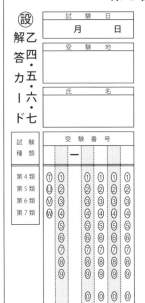

6類［筆記］合格基準

試験科目	正解数	合格基準
消防関係法令	問	4問/10問
基礎的知識	問	2問/ 5問
構造・機能等	問	6問/15問
合　計	問	18問/30問

※筆記試験は、各試験科目において
40％以上、全体の出題数の60％以上
が合格基準となります。

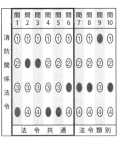

第4回　[筆記]　正解一覧

解答カード
本冊 P.110

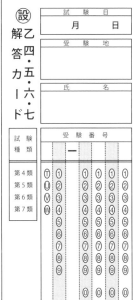

6類［筆記］合格基準

試験科目	正解数	合格基準
消防関係法令	問	4問/10問
基礎的知識	問	2問/ 5問
構造・機能等	問	6問/15問
合　計	問	18問/30問

※筆記試験は、各試験科目において
40％以上、全体の出題数の60％以上
が合格基準となります。

第5回　[筆記]　正解一覧

解答カード　本冊 P.111

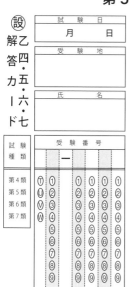

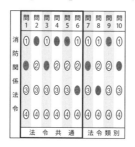

6類［筆記］合格基準

試験科目	正解数	合格基準
消防関係法令	問	4問/10問
基礎的知識	問	2問/ 5問
構造・機能等	問	6問/15問
合計	問	18問/30問

※筆記試験は、各試験科目において40%以上、全体の出題数の60%以上が合格基準となります。

第6回　[筆記]　正解一覧

解答カード　本冊 P.111

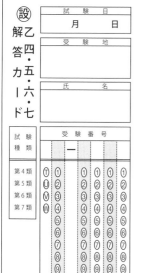

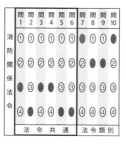

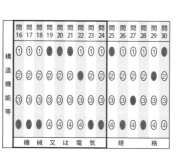

6類［筆記］合格基準

試験科目	正解数	合格基準
消防関係法令	問	4問/10問
基礎的知識	問	2問/ 5問
構造・機能等	問	6問/15問
合計	問	18問/30問

※筆記試験は、各試験科目において40%以上、全体の出題数の60%以上が合格基準となります。

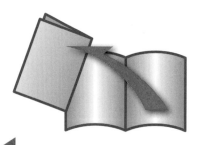

矢印の方向に引くと、取り外せます